Litora

Lehrgang für den spät beginnenden Lateinunterricht

Übungsheft

von Ursula Blank-Sangmeister und Hubert Müller

Vandenhoeck & Ruprecht

ISBN 978-3-525-71753-0

Satz: Schwarz auf Weiß GmbH, Hannover
Druck und Bindung: ⊕ Hubert & Co GmbH & Co. KG,
Robert-Bosch-Bosch 6, D-37079 Göttingen

1

1.1 *Übersetzen Sie.*

Gaius und Atticus

Atticus grammaticus est. Gaius discipulus est.
Grammaticus fabulam dictat et dictat et dictat.
Discipulus scribit et scribit et scribit.
Scribere non iam iuvat.
5 Atticus fabulam Gai legit.
Errorem parvum invenit. Gaium vituperat.
Gaius tacet.
Grammaticus legit, magnum errorem invenit.
Valde clamat. Et Gaius?
10 Discipulus ridet.
Atticus iratus clamat et clamat et clamat.
Gaius autem ridet et ridet et ridet …

grammaticus *m.*: Lehrer
dictāre: diktieren
Gāī *Gen.*: des Gaius
parvus, parva: klein
tacēre: schweigen
rīdēre: lachen

1.2 *Stellen Sie sich vor, Sie finden folgenden Text, der an den Rändern angebrannt ist. Vervollständigen Sie ihn. Danach können Sie ihn mit dem Text der Lektion 1 im Lehrbuch vergleichen.*

_____cus discipulus es_____

_____bellam ten_____

_____olam intr_____

_____icum salu_____

_____ce et Latine scribere e_____

_____gere libenter disc_____

_____icum autem tim_____

_____am grammaticus

_____aepe iratus es_____

_____cus grammaticus es_____

tabella *f.*: Schreibtäfelchen
schola *f.*: Schule
grammaticus *m.*: Lehrer
Graecē *Adv.*: auf Griechisch
Latīnē *Adv.*: auf Lateinisch

_____n sella sed_____

in sellā: auf einem Stuhl

_____cum non salu_____

_____am Lucium au_____

_____tiam Lucius discipulus e_____

_____bulam Graecam leg_____

_____bulam legere iu_____

_____bula Marcum non del_____

_____am Marcus eam

eam *Akk. Sg. f.*: sie

_____epe audire deb_____

_____ticus autem Luci_____

_____dat.

_____ntus discipulus libe_____

libellus *m.*: Aufsatz

_____bere studet.

_____bere saepe non pla_____

_____am errare non lic_____

_____icus libellum legit e_____

_____orem inven_____

_____icus iratus e_____

_____intum vituperat e_____

_____de clamat.

_____unc timor magnus e_____

_____nc Marcus recitare deb_____

_____cus non err_____

_____icus non cla_____

_____bulam autem leg_____

_____on iam delect_____

1.3

a) Verwandeln Sie folgende Formen in den Nominativ bzw. Akkusativ.

Marcus → ___________; timorem → ___________; fabula Graeca → ___________

___________; discipulus iratus → ___________ ___________; errorem → ___________;

Lucium → ___________.

b) Verwandeln Sie folgende Formen in den Infinitiv bzw. in die 3. Pers. Sg.

delectare → ___________; tenere → ___________; invenire → ___________;

scibere → ___________; salutat → ___________; discit → ___________;

timet → ___________; audit → ___________; sedere → ___________;

intrat → ___________; legit → ___________; debere → ___________;

studet → ___________; vituperare → ___________; clamare → ___________;

recitat → ___________; errare → ___________; laudat → ___________.

1.4

Ein Wort passt (aus sachlichen oder grammatischen Gründen) nicht in die Reihe. Suchen Sie das »schwarze Schaf«, streichen Sie es und begründen Sie Ihre Lösung.

a) libenter, saepe, est, valde, nunc. ___________

b) tenet, scribit, debet, placet, licet. ___________

c) discipulus, Atticus, Lucius, fabula. ___________

d) timorem, errorem, Graecam, ___________

discipulum, fabulam. ___________

1.5 *Was ist in der Schule des Atticus den Schülerinnen und Schülern erlaubt bzw. nicht erlaubt? Setzen Sie passende Infinitive aus dem Angebot mit licet bzw. non licet zu zwei langen Sätzen zusammen.*

Angebot:

grammaticum salutare, fabulam legere, libellum scribere, libellum legere, grammaticum timere, grammaticum vituperare, fabulam audire, errare, clamare, fabulam recitare, grammaticum laudare.

a) ____

____

____ licet.

b) ____

____

____ non licet.

grammaticus *m.*: Lehrer – **libellus** *m.*: Aufsatz

2

2.1 *Übersetzen Sie.*

Eine Abendeinladung

Cornelius et Iulia uxor litteras Latinas et Graecas valde amant.
Itaque hodie Gaium, magnum auctorem,
Atticum grammaticum, alios amicos
ad cenam invitant.
5 Libenter veniunt, nam cena semper bona et copiosa est.
Servae multos cibos apportant.
Amici valde contenti sunt.
Post cenam Gaius fabulas Graecas recitat.
Cuncti Gaium laudant, quod fabulas bonas scribit.

litterae *f. Pl.*: Literatur
Latīnus, a, um: lateinisch
auctor *m.*: Schriftsteller
grammaticus *m.*: Lehrer
semper *Adv.*: immer
cōpiōsus, a: reichlich
post *m. Akk.*: nach
cūnctī: alle

Lösungen

1.1 Atticus ist Lehrer. Gaius ist Schüler. Der Lehrer diktiert eine Geschichte, und er diktiert und diktiert. Der Schüler schreibt und schreibt und schreibt. Das Schreiben macht (ihm) keinen Spaß mehr. Atticus liest die Geschichte des Gaius. Er findet einen kleinen Fehler. Er tadelt Gaius. Gaius schweigt. Der Lehrer liest (weiter), er findet einen schweren Fehler. Er schreit laut. Und Gaius? Der Schüler lacht. Der zornige Atticus schreit und schreit und schreit. Gaius aber lacht und lacht und lacht ...

1.2: s. Lehrbuch, S. 10.

1.3: a) Marcum; timor; fabulam Graecam; discipulum iratum; error; Lucius. b) delectat; tenet; invenit; scribit; salutare; discere; timere; audire; sedet; intrare; legere; debet; studere; vituperat; clamat; recitare; errat; laudare.

1.4 a) est (kein Adverb); b) scribit (gehört nicht zur e-Konjugation); c) fabula (ist keine Person); d) Graecam (ist kein Substantiv).

1.5 a) Grammaticum salutare, fabulam legere, libellum scribere, libellum legere, grammaticum timere, fabulam audire, fabulam recitare, grammaticum laudare licet.
b) Grammaticum vituperare, errare, clamare non licet.

2.1 Cornelius und seine Frau Iulia lieben sehr die lateinische und die griechische Literatur. Daher laden sie heute Gaius, einen bedeutenden Schriftsteller, den Lehrer Atticus und andere Freunde zum Essen ein. Sie kommen gern, denn das Essen ist immer gut und reichlich. Die Sklavinnen bringen viele Speisen herbei. Die Freunde sind sehr zufrieden. Nach dem Essen liest Gaius griechische Geschichten/Fabeln vor. Alle loben Gaius, weil er gute Geschichten/Fabeln schreibt. Atticus aber schweigt, weil er die guten Schriftsteller nicht mag. Er findet nämlich niemals große/schwere Fehler, niemals kann er die Schriftsteller tadeln.

2.2 a) uxor – uxorem – uxores – uxores – serva – servam – servae – servas – via – viam – viae – vias – mercator – mercatorem – mercatores – mercatores. b) serva contenta – servae contentae – servam contentam – servas contentas – dominus iratus – domini irati – dominum iratum – dominos iratos – timor magnus – timores magni – timorem magnum – timores magnos. c) vendere – vendit – vendunt – esse – est – sunt – iubere – iubet – iubent – audire – audit – audiunt – clamare – clamat – clamant.

2.3 1. Serva cibos/cibum parat. Cibos/cibum parant servae. Cibos/cibum uxor parat. 2. Amici dominum salutant. Dominum amici salutant. Dominus amicos salutat. Salutant dominum amici. 3. Amicus valde contentus est. Amici valde contenti sunt. Servae valde contentae sunt. Valde contenta est serva. 4. Dominus et domina servas laudant. Domina/dominus servam/servum/servas/servos laudat. 5. Cibus bonus est. Cibi boni sunt. Cena bona est. Boni sunt cibi. 6. Mensas/mensam ornant servae. Serva mensas/mensam ornat. Servae mensas ornant/serva mensas ornat. 7. Syrus et Lydius servi lectos parant et mensas apportant. Syrus servus lectos/lectum parat et mensas/mensam apportat. Mensas/mensam apportat servus. 8. Servi hodie apud mecatorem cibos eligunt. Apud mercatorem hodie servus cibos/cibum eligit. 9. Amicus advenit et valde contentus est. Amici adveniunt et valde contenti sunt. 10. Fabulam/fabulas legere iuvat. Discipulus fabulam/fabulas legere non amat.

2.4 cenam bonam – dominus iratus – timorem magnum – magnam pecuniam – cibi boni – servae contentae – magnas mensas – amicos contentos.

2.5 1. iratus 2. merum 3. audi 4. Marcus 5. pullus 6. amici 7. magnus 8. oliva 9. laudat 10. tum. Lösungswort: triclinium.

3.1 Ein Rabe hat einen Käse gestohlen. Er fliegt zu einem Baum; dort beginnt er den Käse zu essen. Da sieht ein Fuchs den Raben und den Käse. »Guten Tag, Rabe. Was tust du?/Wie geht's?« Der Rabe aber schweigt, er isst seinen Käse. Der Fuchs ruft: »Hörst du denn nicht? Guten Tag, Rabe!« Der Rabe schweigt. Der Fuchs: »Wie schön du bist! Wie schön ihr seid, ihr Raben! Wir Füchse schauen euch Raben immer gerne an ... Aber wir mögen euch nicht hören: Denn, ach!, singen könnt ihr nicht. Du bist so schön, aber auch du kannst nicht singen.« Der Rabe ist zornig – und fängt an zu singen. Und so lässt er den Käse fallen, der Fuchs aber freut sich sehr.

3.2 ite: Pl. Imp.; veniunt: 3. Pers. Pl.; potestis: 2. Pers. Pl.; ago: 1. Pers. Sg.; admittis: 2. Pers. Sg.; tacet: 3. Pers.

Sg.; cave: Sg. Imp.; opprimunt: 3. Pers. Pl.; posse: Inf.; vocamus: 1. Pers. Pl.; vehitis: 2. Pers. Pl.; spectate: Pl. Imp.; vigilas: 2. Pers. Sg.; dormio: 1. Pers. Sg.; sunt: 3. Pers. Pl.

3.3 Ego me/te/nos/vos laudo: Ich lobe mich/dich/uns/euch. – Tu me/te/nos/vos laudas: Du lobst mich/dich/uns/euch. – Nos te/nos/vos laudamus: Wir loben dich/uns/euch. – Vos me/nos/vos laudatis: Ihr lobt mich/uns/euch. – 14 Möglichkeiten.

3.4 Marcia: cenam apportare; cibos emere; cenam bonam parare; mensas apportare; laborare; mensas ornare. – Marcus: discere; recitare; fabulam legere; laborare; fabulam audire. – Atticus: recitare; fabulam legere; discipulos dimittere; discipulos laudare, vituperare; laborare; fabulam audire. – Syrus: cenam apportare; cibos emere; lectos parare; cenam bonam parare; mensas apportare; laborare; mensas ornare. – Domitilla: cenam apportare; cibos emere; lectos parare; cenam bonam parare; mensas apportare; laborare; mensas ornare. (Auch andere oder weitere Zuordnungen möglich.)

3.5 a) **Ego** Atticum saluto, sed cur magister hodie **me** non salutat? b) Graece et Latine scribere et legere libenter disc**o**, **te**, Attic**e**, autem tim**eo**. c) Nam saepe Lucium laud**as**/laud**at**, **me** autem semper vituper**as**/vituper**at**. d) Ibi Quintus sed**et**. e) Cur, Quint**e,** nihil ag**is**, nonne magistr**um** aud**is**? f) Miser Quintus nunc legere deb**et**, err**at**. g) Cur, Attic**e**, Quintum non adiuv**as**? h) Cur semper **nos** discipulos vituper**as**, nonne **nos** laudare pot**es**? i) **Vos** magistri! j) Tac**e**! Domum **nos** dimitte! k) Fabulas audire non pos**sum**, fess**us** sum. l) Cenam exspect**o**.

4.1 Heute besucht der Kaiser Tiberius sein Landhaus. Als Dorus, ein Sklave des Tiberius, seinen Herrn sieht, ist er sehr fleißig: Ein Weilchen repariert er das Scheunendach, ein Weilchen liest er Getreide auf, ein Weilchen lädt er Oliven und Äpfel auf einen Wagen und hilft ein Weilchen der Frau des Gutsverwalters und den Sklav(inn)en: Sie bereiten für den Kaiser das Essen vor. Lange besprengt er die staubigen Wege des Gartens und der Felder, auf denen der Kaiser spazieren geht, mit Wasser … Schließlich ruft Tiberius den Sklaven herbei. Dorus freut sich; der Kaiser aber (sagt): »Alle deine Anstrengungen, Dorus, sind vergeblich. Ich werde dich nicht freilassen!«

4.2 magister sedulus; Dativ: magistro sedulo; dieselbe Form von vita dura: vitae durae; Genitiv: vitae durae; dieselbe Form von otium bonum: otii boni; Akkusativ: otium bonum; dieselbe Form im Plural von magnum gaudium: magna gaudia; Singular: magnum gaudium; Nominativ: magnum gaudium; dieselbe Form von servus aegrotus: servus aegrotus; Genitiv Plural: servorum aegrotorum; dieselbe Form von magister miser: magistrorum miserorum; Akkusativ: magistros miseros; Dativ: magistris miseris; dieselbe Form von vilicus iratus: vilicis iratis; Singular: vilico irato; dieselbe Form von senator piger: senatori pigro; Genitiv: senatoris pigri; dieselbe Form von uxor misera: uxoris miserae; Akkusativ: uxorem miseram; dieselbe Form von salus bona: salutem bonam; Dativ: saluti bonae; dieselbe Form von dominus bonus: domino bono; dieselbe Form im Plural von servae multae: servis multis; Genitiv: servarum multarum; dieselbe Form von magnus hortus: magnorum hortorum; Singular: magni horti; dieselbe Form von vita dura: vitae durae; dieselbe Form von senator piger: senatoris pigri; dieselbe Form von magister sedulus: magistri seduli; Nominativ: magister sedulus.

4.3 Präpositionen: ad, apud, post: 3 – Adverbien: hodie, subito, postridie, ubique, libenter, tum, ibi,: 7 – Adjektive: bonus, aegrotus, piger, fessus, magnus: 5.
753 v. Chr.: Gründungsjahr Roms.

4.4 a; c; c; a; c; b; b; a; c; a; c; b.

5.1 Ein Frosch spaziert über eine Wiese und sucht Futter für seine Kinder. Plötzlich sieht er einen großen Ochsen über die Wiese gehen. Er freut sich nicht, dass der Ochse so groß ist und die Frösche so klein sind. Daher bläst er seine Haut auf und fragt seine Kinder: »Bin ich jetzt so groß wie der Ochse?« Die Kinder bestreiten es. Wieder bläst der Frosch seine Haut auf, wieder fragt er seine Kinder: »Seht ihr denn, dass ich jetzt so groß wie der Ochse bin?« Die Kinder lachen: »Weißt du denn nicht, dass Ochsen immer größer sind als Frösche?« Da ist der Frosch sehr zornig und bläst seine Haut auf und bläst und bläst. Plötzlich hört der Ochse, dass/wie die Kinder des Froschs ganz laut schreien: Die Haut des Froschs ist geplatzt …

5.2 Syrus Gnaeum Claudium (Subj.akk.) thermas (Obj.akk.) intrare videt. Gnaeum (Subj.akk.) non semper rei publicae consulere gaudet. Syrus rem publicam (Subj.akk.) in periculo esse scit. Nunc Gnaeus nihil agere amat. Syrus servum (Subj.akk.) res (Obj.akk.) Gnaei custodire, Gnaeum (Subj.akk.) palaestram (Obj.akk.) intrare, amicos (Obj.akk.) quaerere, sed non invenire videt. Gnaeo clamorem (Subj.akk.) non placere scit; Gnaeum (Subj.akk.) in caldarium properare videt. Sed nunc Philodemum (Subj.akk.) intrare videt; videt senatorem (Subj.akk.) in laconicum fugere, postea in piscina natare. Gnaeum (Subj.akk.) diem (Obj.akk.) carpere valde gaudet.

Syrus sieht, dass/wie Gnaeus Claudius die Thermen betritt. Er freut sich, dass Gnaeus nicht immer für den Staat sorgt. Syrus weiß, dass der Staat in Gefahr ist. Nun genießt es Gnaeus nichts zu tun. Syrus sieht, dass/ wie ein Sklave die Sachen des Gnaeus bewacht, dass/wie Gnaeus die Palaestra betritt und seine Freunde sucht, aber nicht findet. Er weiß, dass Gnaeus das Geschrei nicht gefällt; er sieht, dass/wie Gnaeus ins Caldarium eilt. Aber jetzt sieht er, wie Philodemus eintritt; er sieht den Senator in die Sauna fliehen, später im Schwimmbecken schwimmen. Er freut sich sehr, dass Gnaeus den Tag genießt.

5.3 a) fugio, fugis, fugit, fugimus, fugitis, fugiunt, fuge, fugite, fugere. – quaero, quaeris, quaerit, quaerimus, quaeritis, quaerunt, quaere, quaerite, quaerere. – audio, audis, audit, audimus, auditis, audiunt, audi, audite, audire. – eo, is, it, imus, itis, eunt, i, ite, ire. – studeo, studes, studet, studemus, studetis, student, stude, studete, studere.

servus aegrotus, servi aegroti, servo aegroto, servum aegrotum, servi aegroti, servorum aegrotorum, servis aegrotis, servos aegrotos. – magnum gaudium, magni gaudii, magno gaudio, magnum gaudium, magna gaudia, magnorum gaudiorum, magnis gaudiis, magna gaudia. – res nova, rei novae, rei novae, rem novam, res novae, rerum novarum, rebus novis, res novas. – oratio bona, orationis bonae, orationi bonae, orationem bonam, orationes bonae, orationum bonarum, orationibus bonis, orationes bonas. – dies, diei, diei, diem, dies, dierum, diebus, dies.

ba) suus: reflexives Possessivpronomen. – bb) ... steht immer der Akkusativ. – bc) senatorum: Gen. partitivus. – bd) »existieren«, »herrschen«, »es gibt«... – be) Nach Verben des Mitteilens, des Wahrnehmens, des Wissens und Denkens, des Empfindens, außerdem bei iubere. – bf) Attico: Dat. possessivus.

ca) Verben der Bewegung: z.B. intrare, ambulare, (ap)portare, (ad)venire, vehere, ire, dimittere, circumire, properare, fugere. – cb) Verben des laut oder leise Sprechens: clamare, vocare, disputare, quaerere. – cc) Verben der Gemütsbewegung: z.B. gaudere, amare, timere.

d) libenter: Art und Weise; saepe: Zeit; hodie: Zeit; ibi: Ort; ad mensam: Ort; per vias: Ort; apud villam: Ort; post noctem: Zeit; semper: Zeit; ubique: Ort; subito: Zeit; valde: Art und Weise; multos dies: Zeit.

6.1 Im Amphitheater

Lucius und Aulus sind im Amphitheater. Dort warten schon bei Tagesanbruch viele Menschen auf die Kämpfe. Zuerst kämpft ein Gladiator mit einem Löwen. Das Tier greift voller Zorn den Mann an, verwundet und tötet ihn. Die Menge freut sich. Wenig später kommen zwei Gladiatoren in die Arena. Der Netzkämpfer kämpft mit Netz und Dreizack, der Nachsetzer mit einem Schwert. Der Netzkämpfer fängt den Nachsetzer mit seinem Netz ein. Doch der Nachsetzer befreit sich und verwundet den Netzkämpfer mit dem Schwert. Lucius und Aulus sehen viel Blut strömen. Dennoch ist die Menge nicht zufrieden: »Töte (ihn)! Tötet (sie)!« Die Gladiatoren kämpfen lange mit großer Tapferkeit. Schließlich tötet der Netzkämpfer den Nachsetzer. Die Menge freut sich sehr – und fordert mit lauter Stimme/lauthals neue Kämpfe.

Aulus: »Ich gehe (jetzt). Tschüs, Sextus.«

Sextus: »Warum willst du (schon) gehen?«

Aulus: » ...«

Sextus: »Du bist dumm. Weißt du etwa nicht, dass die Gladiatoren schlechte Menschen sind? Es sind Verbrecher und Mörder. Sie verdienen wirklich den Tod.«

Aulus: »Aber es sind dennoch Menschen.«

6.2 a) Prima luce – Bei Tagesanbruch betritt der Schüler Marcus die Schule. b) Magna voce – Atticus tadelt Quintus und schreit mit lauter Stimme. c) Cum uxoribus – Der Hausherr Cornelius und seine Frau Iulia laden Freunde zum Essen ein. Alle Freunde kommen mit ihren Frauen. d) Magno cum gaudio – Mit großer Freude begrüßen Cornelius und Iulia ihre Freunde. e) Duris laboribus – Der Sklave Davus schläft. Er ist wegen der harten Arbeiten erschöpft. f) Verbis iratis; magno terrore – Titus Iulius zeigt dem Verwalter den Sklaven Davus; er tadelt den Verwalter mit zornigen Worten und versetzt Davus in großen Schrecken. g) Clamore vicinorum; in insula – Marcus und Iulia können in ihrem Wohnblock wegen des Geschreis der Nachbarn nicht schlafen. h) Nocte – In der Nacht fahren Wagen Baumaterial durch die Straßen. i) In amphitheatro Pompeianorum; gladiis; de victoria – Im Amphitheater der Pompejaner kämpfen die Zuschauer mit Schwertern um den Sieg.

6.3 Tusculum.

6.4 re: durch die Sache; is: du gehst; tu: du; do: ich gebe; in: in/auf; in ... hinein/nach; de: von (herab)/über; ad: zu, an, bei; da: gib; me: mich; eo: ich gehe; et: und.

6.5 Z.B.: Ich kann das nicht mehr mitansehen, mir wird schlecht. Hier jubelt die Menge, während sich Menschen gegenseitig umbringen; das ist brutal und unmenschlich.

7.1 Narziss

Die Nymphe Echo liebt Narziss, einen schönen jungen Mann, sehr. Oft ruft sie ihn, wenn er durch die Felder streift, und oft versucht sie, sich ihm zu nähern. Doch dieser ergreift, wenn Echo ihn berühren möchte, die Flucht. Daher bittet die Nymphe in ihrem Zorn die Götter: Narziss soll, wenn er selbst liebt, nicht erhört werden.

Einmal kommt der junge Mann an eine Quelle und sieht im Wasser sein Bild. Er weiß aber nicht, dass dieses Bild er selbst ist, er weiß nicht, dass er sich selbst gefällt, sondern freut sich, das Bild eines so schönen Mannes anzusehen. Plötzlich versucht er, von großer Liebe erfüllt, sich ihm zu nähern und ihn zu küssen, doch vergeblich: Sein Bild trübt sich im Wasser. Wieder versucht Narziss sich dem Bild zu nähern, wieder gelingt es ihm nicht, es zu berühren. Der unglückliche Jüngling weint, bittet, hofft. Nun möchte er immer bei der Quelle bleiben, denn er kann seine Augen nicht mehr von dem Bild abwenden. Viele Tage später stirbt er aus übergroßer Liebe – und die Menschen finden statt seiner eine Blume – eine Narzisse.

7.2 a) eam; ea b) eius c) eius; eos d) ei, eum; e) ii (ei).

7.3 magna: Bedeutendes; miseri: arme Wichte; pauca: nur wenige Sachen; nova: Neuigkeiten; multa: viele Dinge; nonnulli: einige Leute; aegroti: Kranke; prima: das Wichtigste; vera: die wahren Dinge; ea: diese Dinge; ii: diese Leute; multi: viele Leute; boni: die Guten; alia: andere Dinge; fessi: erschöpfte Menschen; dura: harte Situationen; cuncta: alle Dinge; parva: Kleinigkeiten; primi: führende Leute.

7.4 commoveo; absum; exeo; regnum; dies; dens; sol; umbra; pes; locus/loca; res; vox; voco; lux; pugno/pugna; signum; fuga; fugio; oratio; gaudeo; consulo/consul; salus; saluto; opprimo; magister; porta; porto/porta; dominus/domina; advenio; error.

8.1 Nioba

Tantalus, der, wie wir wissen, im Reich der Schatten große Schmerzen ertragen muss, hat eine Tochter namens Nioba. Sie ist die Frau Amphions, des Königs der Thebaner, dem sie sieben Söhne und sieben Töchter geboren hat.

Einmal opfern die Thebanerinnen der Göttin Latona, der Mutter des Apoll und der Diana, als Nioba, die glaubt, dass sie dieser Ehren würdig sei, näher kommt und mit lauter Stimme ruft: »Ihr Thebanerinnen, warum betet ihr eine Göttin an, die nur einen Sohn und nur eine Tochter hat? Seht ihr etwa nicht, dass ich sie hinsichtlich der Zahl der Söhne und Töchter bei weitem übertreffe?« Diese Worte verletzen Latona sehr, und so wendet sie sich an Apoll und bittet ihn um Hilfe. Wenig später erschießt Apoll die Söhne Niobas, die (gerade) durch die Felder reiten, spielen und lachen, mit seinen Pfeilen.

Nioba sieht unter vielen Tränen auf die Leichname ihrer Söhne, aber dennoch ist ihr Hochmut noch nicht gebrochen. »Meine Söhne sind tot, aber mir bleiben noch immer sieben Töchter; hinsichtlich der Zahl meiner Töchter übertreffe ich noch immer bei weitem Latona, die die Thebanerinnen so gerne anbeten!« Auf Geheiß ihrer Mutter Latona tötet Diana mit ihren Pfeilen daraufhin auch die Töchter, während diese (noch) ihre toten Brüder beweinen.

8.2 A; F; L; O; R. Flora.

8.3 Du Ablativ, o Ablativ! a) Ablativ, der du alle Kasus an Macht übertriffst – limitationis b) Ablativ, dessen Name die Schüler in großen Schrecken versetzt – instrumenti c) Ablativ, um den sich niemand mit großer Freude bemüht – modi d) Ablativ, den niemand an den Tagen/am Tag oder in den Nächten/in der Nacht sehen möchte – temporis e) Ablativ, mit dem wir ein hartes Leben führen – sociativus f) Ablativ, befrei uns von deinen Anstrengungen/von den Anstrengungen, die du mit dir bringst – separativus.

8.4 a) ego; tu b) mihi; tibi c) te d) mihi e) vos, nobis f) ego, tu g) nos vos.

9.1 Zu dem Hirten Paris, der auf den Bergen Trojas die Herden des Königs hütete, kam Mercurius, der Götterbote, und fragte ihn: »Weißt du schon, dass es zwischen den Göttinnen Iuno, Minerva und Venus Streit gegeben hat und noch immer gibt? Du sollst, wie es dem obersten Gott gefallen hat/wie der oberste Gott beschlossen hat, Schiedsrichter sein: Welche der Göttinnen ist die schönste? Gib diesen goldenen Apfel, den ich mitgebracht habe, der Göttin, die du für die schönste hältst.« Die Göttinnen, die bei Mercurius waren, näherten sich. Dann sagte Iuno: »Liebst du etwa nicht die Macht? Gib mir den Apfel und du wirst die Herrschaft über den Erdkreis haben!« Daraufhin sagte Minerva: »Macht zu haben – das, was Iuno dir versprochen hat – ist beschwerlich: Immer musst du Feinde fürchten. Ich aber verspreche dir Sieg und ewigen Ruhm, gib mir also den goldenen Apfel!« Da aber sagte Venus: »Weißt du etwa nicht, dass Macht oder Ruhm die Menschen niemals glücklich, sondern immer (nur) einsam gemacht haben? Ich bin die Göttin der Liebe, ich verspreche dir die schönste Frau der Welt.« Sofort erhielt Venus von Paris den goldenen Apfel.

Wenig später reiste Paris nach Sparta: Er sah Helena, hörte sie, liebte sie und entführte sie nach Troja …

9.2 cognovi; cognovisti; cognovit; cognovimus; cognovistis; cognoverunt; novisse. potui; potuisti; potuit; potuimus; potuistis; potuerunt; potuisse. exii; existi; exiit; exiimus; existis; exierunt; exisse. abduxi; abduxisti; abduxit; abduximus; abduxistis; abduxerunt; abduxisse. placui; placuisti; placuit; placuimus; placuistis; placuerunt; placuisse. interrogavi; interrogavisti; interrogavit; interrogavimus; interrogavistis; interrogaverunt; interrogavisse. accepi; accepisti; accepit; accepimus; accepistis; acceperunt; accepisse.

9.3 Menelaus: valde iratus fuit; Helenam amavit. – Paris: Helenae vitam laetam et a curis liberam exposuit; Helenam Troiam abduxit; Spartae hospes Menelai fuit; Helenam amavit; filius regis Troianorum fuit. – Helena: Paridem amavit; mulier pulcherrima fuit. – Aethra: Helenae multa de Paride hospite narravit. – Hera: domina mundi fuit. – Proserpina: cum Dite regnum umbrarum tenuit. – Dis: rex umbrarum fuit.

9.4 a) in die Schule gehen b) in der Schule sein c) aus der Schule fliehen d) ins Landhaus eilen e) aus dem Landhaus gehen f) im Kolosseum bleiben g) in Sparta bleiben h) von Rom weggehen i) nach Troja entführen j) aus Troja hinausgehen k) in Korinth sein l) von Italien weggehen m) in der ganzen Stadt n) an einem anderen Ort o) in Afrika kämpfen p) zum Essen entlassen q) in Rom schlafen r) den Wagen zum Nachbarn fahren s) den Schüler zum Lehrer rufen t) beim Tisch stehen u) aus Afrika kommen v) nach Rom zurückkehren w) aus Korinth zurückkehren x) in Sparta ein hartes Leben führen y) nach Sparta weggehen z) aus Korinth kommen.

10.1 Nachdem Himmel und Erde geschaffen waren, sah Prometheus, dass es auf der Erde viele Tiere gab, dass aber ein Lebewesen fehlte, in dem der Geist wohnen konnte. Daher schuf er aus Erde und Wasser ein Lebewesen nach dem Bild der Götter. Ihm gab er die positiven und negativen Eigenschaften, die er von anderen Tieren genommen hatte. Minerva aber gab ihm noch den Geist, den Geist der Götter.
Diese Menschen aber konnten sich das, was für ein gutes und menschliches Leben von Nutzen ist, nicht beschaffen. Es fehlte ihnen nämlich das Feuer, das Iuppiter den neuen Lebewesen verweigerte. Doch Prometheus brachte heimlich das Feuer auf die Erde und schenkte es den Menschen. Deshalb wurde er von den Göttern sehr gehasst.
Auf Befehl Iuppiters aber schleppte Vulcanus Prometheus in den Kaukasus und schmiedete ihn mit Ketten an einen Berg. Dort fraß ein Adler immer einen Teil seiner Leber, aber dieser Teil wuchs immer wieder nach. Prometheus ertrug jedoch seine Schmerzen mit großer Tapferkeit, weil er glaubte, er habe den Menschen ein großes Geschenk gemacht. Schließlich, nach vielen Jahren, befreite Hercules Prometheus.

10.2 ignoro – mulier – convenio – caput – desino – sto – dolus – prodo – robur – exeo – intersum – fleo – grex – laedo – orbis – terror – hospes – absum – promitto – capio – credo – spes – circumeo – plebs – placeo – ago.

10.3 a) Worüber freue ich mich? Was hasse ich? Lesen macht mir Freude. Auch Schreiben bereitet mir Freude. Ein gutes Essen macht mir große Freude. Aber Klamotten zu kaufen hasse ich wie die Pest.

10.4 A; E; G; M ; N; A; M; N; O: Agamemnon.

11.1 Obwohl die Griechen schon zehn Jahre lang Troja bestürmten, konnten sie die Stadt nicht erobern. Schließlich baute Odysseus mit einer Schar Griechen ein hölzernes Pferd, in dem er sich mit ein paar Gefährten versteckte. Dann zogen die griechischen Heere von der Küste Trojas ab und zogen sich auf eine nicht weit von Troja entfernte Insel zurück, ließen aber das Pferd vor der Stadt zurück. Zurückließen sie auch einen gewissen Sinon …
Sobald die Trojaner gesehen hatten, dass die Feinde abgerückt waren, fragten sie/erkundigten sie sich bei Sinon wegen dieser Angelegenheit. Dieser erzählte, so wie Odysseus ihm aufgetragen hatte, dass die Griechen nach Hause gesegelt seien und jenes Pferd der Minerva zum Geschenk gemacht hätten, damit sie unter günstigen Winden in die Heimat zurückkehrten. Obwohl Laocoon immer wieder sagte: »Verbrennt das Pferd, wenn ihr Troja vor dem Untergang bewahren wollt. Ich fürchte nämlich die Griechen, auch wenn sie Geschenke bringen«, gehorchten die Trojaner dennoch nicht den Worten des Priesters. Und als plötzlich eine große Schlange aus den Fluten auftauchte und Laocoon und seine Söhne tötete, versetzte dieses Vorzeichen die Trojaner in so große Furcht vor den Göttern, dass sie nicht länger zögerten, das Pferd in ihre Stadt zu ziehen.
Nachdem die Trojaner die ganze Nacht ihren Sieg über die Griechen mit viel Wein gefeiert hatten und eingeschlafen waren, verließen Odysseus und seine Gefährten das Pferd, eroberten die Stadt und setzten sie in Brand.

11.2 a) o- Dekl., Nom. Sg. oder kons. Dekl., Nom. oder Akk. Sg. oder u-Dekl., Nom. oder Gen. Sg. oder Nom. oder Akk. Pl. b) a-Dekl., Nom. oder Abl. Sg. oder o-Deklination, Nom. oder Akk. Pl. oder kons. Dekl., Nom. oder Akk. Pl. c) kons. Deklination, Abl. Sg. oder e-Dekl., Abl. Sg. oder o-Dekl., Vokativ Sg. d) kons. Dekl., Dat. oder Abl. Pl. oder u-Dekl., Dat. oder Abl. Pl. e) u-Dekl., Abl. Sg. f) o-Dekl., Gen. Sg., Nom. Pl.

oder kons. Dekl., Dat. Sg. g) o-Dekl., Dat. oder Abl. Sg. h) o-Dekl., Dat. oder Abl. Pl. oder kons. Dekl., Gen. Sg. i) o-Dekl., Akk. Sg. oder o-Dekl., Nom. oder Akk. Sg. oder kons. Dekl., Gen. Pl.

11.3 Temporal: c; g; h; j; k; m; n; o. – Kausal: i; l. – Konzessiv: a; e. – Konditional: b. – Komparativ: f. – Final: d.

11.4 Das Klientelwesen beruhte auf einem gegenseitigen Treueverhältnis. Der *cliens* hatte am frühen Morgen bei seinem *patronus* die Aufwartung zu machen und Aufträge entgegenzunehmen. Er war z.B. zur Unterstützung seines *patronus* bei Wahlen verpflichtet. Der *patronus* setzte sich umgekehrt z.B. bei Gerichtsverfahren für seinen *cliens* ein.
Unterworfene Völker waren steuerpflichtig gegenüber Rom und hatten sich politisch im Sinne Roms zu verhalten, zugleich schützte Rom sie vor Bedrohung von außen und gab ihnen Selbstbestimmungsrechte in eingeschränkten Bereichen.

12.1 Einmal brach zwischen den königlichen Prinzen, während sie bei einem Freund speisten, ein Streit über ihre Ehefrauen aus: »Wer hat die beste?« Alle lobten ihre Frauen sehr. Schließlich sagte Lucius Tarquinius: In Kürze könnt ihr wissen, dass meine Lucretia eure Frauen bei weitem übertrifft. Geht also nach Hause und seht (nach), was eure Frauen tun!« Sofort begaben sich die königlichen Prinzen, wie Lucius sie geheißen hatte, nach Hause – und sahen, was jener ihnen vorausgesagt hatte: Während die Frauen der Übrigen bei einem Gastmahl waren, saß Lucretia, die Frau des Lucius, die bis in die Nacht gearbeitet hatte, zu Hause und webte mit ihren Sklavinnen ein Kleid. Daher stimmten die königlichen Prinzen darin überein, dass sie mit ihren Tugenden die anderen Frauen übertroffen habe.
Sextus Tarquinius, einer der königlichen Prinzen, der bei jenem Streit dabei gewesen war, kehrte wenige Tage später in das Haus der Lucretia zurück, weil er wusste, dass Lucius, ihr Ehemann, fortgegangen/außer Hauses war. Lucretia hatte ihm nämlich außerordentlich gut gefallen und er hatte sie im Stillen mit seiner eigenen Frau verglichen: »Diese liebt den Wein, jene die Arbeit; diese ist leichtsinnig, jene klug/besonnen ...«
Lucretia aber empfing Sextus Tarquinius freundlich und führte ihn nach dem Essen in das Gästezimmer. In tiefer Nacht, als sich das ganze Haus dem Schlaf hingegeben hatte/schlief, betrat Sextus mit einem Schwert heimlich Lucretias Schlafzimmer, gestand seine Liebe, bat sie und fügte Drohungen hinzu. Schließlich – weil sie seine Liebe immer wieder zurückgewiesen hatte – vergewaltigte er sie.
Sie rief am nächsten Tag ihren Ehemann herbei, informierte ihn über diese Vergewaltigung und nahm sich vor seinen Augen das Leben.
Nachdem die Römer gehört hatten, dass das Verbrechen des Sextus Tarquinius der Grund für den Tod der Lucretia war, verbannten sie nicht nur ihn, sondern auch den König Tarquinius Superbus, seinen Vater.

12.2 a) facio – feci – fecisti – feceras – feceratis – faciebatis – faciebant – faciebat – facit – facio. b) stringo – stringimus – stringunt – stringebant – strinxerunt – strinxistis – strinxeratis – strinxeramus – strinxeram – stringo. c) incipio – incipis – coeperas – coeperatis – coepistis – coepimus – incipiebamus – incipimus – incipio. d) condo – condis – condit – condunt – condiderunt – condebant – condiderant – condunt – condit – condo. e) transeo – transimus – transitis – transeunt – transibant – transibat – transibas – transibam – transii – transisti – transiit – transierunt – transierant – transieratis – transieramus – transieram – transeo.

12.3 Dies sagen – jener kommt, dieser geht – diesen da tadeln – der Freund von jenem (sein Freund) – dessen Freund (sein Freund) – der Freund von dem da – dieser da hat das getan – dieser da ist mir verhasst – jenes ist nicht wahr – das Meine tun – das Deine tun – das Seine/Ihre tun – die Meinen helfen mir – die Deinen helfen dir – die Seinen helfen ihm/die Ihren helfen ihr – an diesem Ort – jenen Zeiten/in jenen Zeiten – auf diese Weise – diesen Worten/mit diesen Worten – jenem, der/jene, die – jene, die/jenes, was.

12.4 Verum est: Das Wort »Faschist« kommt von *fasces*. Die letzten Könige Roms waren Etrusker. Karthago gehörte zu den stärksten außenpolitischen Gegnern Roms. Cicero und Seneca gehörten zu den wenigen Römern, die die Gladiatorenspiele tadelten. Die größte Ausdehnung erreichte das Römische Reich unter Kaiser Hadrian (98-117 n. Chr.). Es gab römische Handelsstützpunkte in Indien und Sri Lanka. Kaiser Theodosius verbot 392 n. Chr. alle heidnischen Kulte. – Falsum est: Nach Vertreibung der Könige richteten die Römer eine Demokratie ein. Spartakus führte 73 v. Chr. einen erfolgreichen Sklavenaufstand an. Kaiser Augustus regierte 27 v. Chr.–14 v. Chr. Kaiser Konstantin verbot 312 n. Chr. das Christentum.

13.1 Einst befand sich der römische Staat durch einen Streit seiner Bürger in großer Gefahr. Denn die Patrizier besaßen alle Ländereien und waren sehr reich. Für das Volk aber, das unter Schulden litt, gab es keine Hoffnung. Daher beschloss das Volk/die Plebs, Rom zu verlassen. Männer in Waffen schlugen zusammen mit ihren Frauen und Kindern auf einem ganz nahe gelegenen Berg ein Lager auf. Weil die Patrizier dadurch sehr erschreckt wurden, hielten sie eine Beratung ab: »Wir sind in höchster Gefahr, denn wir wissen, dass ohne die plebejischen Soldaten die Stadt selbst weder verwaltet/regiert noch verteidigt werden kann.« Des-

halb befahlen die Patrizier, einige Senatoren ins Lager der Plebejer zu schicken. Einer von ihnen, Menenius Agrippa, erzählte (ihnen) etwa folgende Geschichte:
»Einmal hörten die Glieder des Körpers auf zu arbeiten und dem Magen Speise zur Verfügung zu stellen: ›Dieser Magen da ernährt sich von unserer Arbeit, er lebt immer gut, niemals arbeitet er selbst. Wenn wir aufhören, seine Sklaven zu sein, wenn der Magen selbst von Hunger und Durst gequält wird, wird er gezwungen zu arbeiten.‹ Und so taten sie es. Doch bald schwand die Kraft des ganzen Körpers.« Dann sagte Menenius: »Seht ihr nicht, ihr Bürger, dass auch wir Römer als gleichsam ein Körper ohne die Eintracht zwischen allen Gliedern nicht stark sein können? Die Eintracht der Bürger ist die Grundlage des Staates!«
Die römische Plebs lässt sich von dieser Rede beeindrucken und kehrt in die Stadt Rom zurück.

13.2 Iuppiter – Heracles – Hera – Alcmene – Amphitruo.
Iuppiter (Zeus) verliebt sich in die sterbliche Alcmene und zeugt in Gestalt ihres Mannes Amphitruo den Heracles. Als der »echte« Amphitruo einen Tag später heimkommt, wundert sich seine Frau, dass er schon wieder mit ihr schlafen will. Hera entbrennt in großer Eifersucht.

13.3 s. Lektionstext.

13.4 Patrizier: erblicher Adelsstand. ab urbe condita: seit Gründung der Stadt (753 v. Chr.): Mit diesem Jahr lassen die Römer ihre Zeitrechnung beginnen. Kapitol: einer der sieben Hügel mit dem Tempel des Iuppiter Optimus Maximus. Triumphzug: Feier für einen siegreichen Imperator. Volkstribun (tribunus plebis): Vertreter der Plebejer. Klienten: Schutzbefohlene eines patronus. caput mundi: Rom als politisches Zentrum der Welt. patres: Familienoberhäupter aus dem Adelsstand. Repetundenprozesse: Gerichtsverfahren, die gegen römische Beamte wegen Bestechlichkeit und Erpressung angestrengt wurden. plebs: nicht adlige Masse. populus: Volk (römischer Bürger). sella curulis: Amtssessel.

14.1 Gaius Mucius Scaevola
Nachdem der König Tarquinius Superbus mit den Seinen verbannt worden war, bat er Porsenna, den König der Etrusker, um Hilfe. Jener griff Rom mit einer großen Streitmacht an, konnte aber die mit Mauern umgebene Stadt nicht erobern. Daher befahl Porsenna, die Stadt von Getreidelieferungen und allem Nachschub abzuschneiden. Er glaubte nämlich, dass sich die Bürger auf diese Weise, vom Hunger gezwungen, ergeben würden.
Aber Gaius Mucius, einem (gewissen) Römer, gefiel es nicht, dass die Stadt von Feinden, deren Truppen von den römischen Soldaten schon oft besiegt worden waren, belagert wurde. Daher begab er sich, mit einem Schwert bewaffnet, in das Lager der Feinde. Er wurde aber von den Soldaten des Königs gefangen genommen und zu Porsenna gebracht. Mucius sagte: »Ich bin ein römischer Bürger. Als Feind habe ich dich, unseren Feind, töten wollen. Auch wenn ich von deinen Leuten gefangen genommen wurde, bist du dennoch nicht von der Gefahr befreit. Denn hinter mir stehen (noch) viele Römer, die die Absicht haben, dich zu töten.« Und Mucius legte seine rechte Hand in das Feuer, das auf dem Opferaltar entzündet (worden) war, und rief, wie wenn er keine Schmerzen fühlen würde: »Mit so großer Kühnheit, mit so großer Tapferkeit werden wir Römer gegen dich kämpfen!«
Von dieser Tat sehr beeindruckt entließ Porsenna Mucius als freien Mann und zog kurz darauf auch seine Truppen von Rom ab. Gaius Mucius aber, der später den Beinamen »Linkshand« erhalten hatte, wurde wegen seiner Tapferkeit von den Römern mit großen Ehren bedacht.

14.2 commiserat – commissum erat; interfecit – interfectum est; gessit – gestum est; tollit – tollitur; misi – missus sum; perdiderat – perditum erat; coegeras – coactus eras; delet – deletur; consensit – consensum est; cepisti – captus es; condidit – conditum est; permittebat – permittebatur; reliqui – relictus sum; rapuimus – rapti sumus; credideram – creditus eram; aperiebat – aperiebatur; trahebamus – trahebamur; dedit – datum est; exponunt – exponuntur; vidimus – visi sumus.

14.3 a) Zum Essen rufen – bei dir stehen – durch die Stadt spazieren gehen – nach vielen Mühen – nach diesem Tag – vom Dach herab – vor den Toren der Stadt – zusammen mit vielen Freunden – aus der Stadt gehen – vor/aus Furcht – in das Landhaus gehen – im Landhaus – von Caesar besiegt – unter Freunden bis in die Nacht – ohne dich.
b) liber a metu – copias in castra reducere – Romae, in urbe pulcherrima, vivere – aliquid ab amico petere – usque ad hunc finem – certare de principatu – apud fratrem esse – ex urbe fugere – una cum amicis victoriam celebrare – in animo habere – ante mortem neminem beatum puta – colloquium inter Caesarem et Ciceronem – visita nos post laborem – per dies noctesque.

14.4 Zeitliche Folge: tum, mox, denique, multis diebus post, postridie – logische Folge: itaque – Gegensatz: autem, at, sed – Begründung: nam, enim.

15.1 Der Tod Caesars

Nachdem Caesar den Göttern geopfert hatte, hatte ihn der Opferschauer Spurinna gewarnt: »Hüte dich, Gaius, vor der Gefahr, hüte dich vor den Iden des März!« Da auch andere Vorzeichen auf Gefahren hingewiesen hatten, zögerte Caesar lange, an jenem Tag, der von Spurinna genannt worden war, in die Kurie zu gehen. Weil er etwas mit den Senatoren verhandeln/mit den Senatoren besprechen wollte, betrat er schließlich (doch) die Kurie. Dort sagte er mit einem Lachen zu Spurinna, der an der Tür stand: »Die Iden des März sind da, ohne dass ich irgendeinen Schaden genommen habe.« Jener aber antwortete: »Sie sind da, aber sie sind noch nicht vorüber.« Nachdem sich Caesar gesetzt hatte, näherten sich einige Senatoren, gleichsam um ihm ihre Ehrerbietung zu bezeugen. Plötzlich sieht Caesar, dass man ihn mit gezückten Dolchen angreift, und ruft: »Da ist ja/allerdings Gewalt!« Und zu Marcus Brutus: »Auch du, mein Sohn?« Nachdem ihm 23 Wunden zugefügt worden waren/Von 23 Wunden bedeckt brach Caesar vor den Augen der Senatoren zusammen.

Sein Körper lag lange, von allen verlassen, in der Kurie; schließlich wurde er von irgendwelchen Sklaven nach Hause gebracht.

15.2 Nachdem/weil/obwohl diese Dinge berichtet worden waren – nachdem/weil/obwohl die Standbilder weggeschafft worden waren – nachdem/weil/obwohl der Krieg geführt worden war – nachdem/weil/obwohl die Stadt besetzt worden war – nachdem/weil/obwohl die Truppen zurückgeführt worden waren – nachdem/weil/obwohl das Landhaus verkauft worden war – nachdem/weil/obwohl der Hunger vertrieben worden war – nachdem/weil/obwohl die Kinder gut erzogen worden waren – nachdem/weil/obwohl der Rat gesucht worden war – nachdem/weil/obwohl das Land bebaut worden war – nachdem/weil/obwohl das Schwert gezückt worden war – nachdem/weil/obwohl diese Dinge beendet worden waren – nachdem/weil/obwohl die Stadt gegründet worden war – nachdem/weil/obwohl alle Dinge geraubt worden waren – nachdem/weil/obwohl Karthago verlassen worden war – nachdem/weil/obwohl der Sieg gefeiert worden war – nachdem/weil/obwohl Troja durch die List des Odysseus erobert worden war – nachdem/weil/obwohl die Feinde von unseren Leuten getäuscht worden waren – nachdem/weil/obwohl Karthago in vielen Kriegen besiegt worden war – nachdem/weil/obwohl viele Dinge von Paris versprochen worden waren – nachdem/weil/obwohl Helena von Paris nach Troja entführt worden war.

15.3 a) Quinto ab Attico vituperato b) fabula a Quinto non bene lecta c) cena a servis bene parata d) servis laudatis e) discipulis domum missis f) vino apportato g) villa a senatore visitata h) cunctis (rebus) a nobis bene custoditis i) servo aegroto a vilico vendito j) thermis a Gnaeo Claudio intratis k) Gnaeo ab aliquo salutato l) servis a Gnaeo visis m) his (rebus) a Nerone imperatore auditis n) multis Nucerinis necatis o) uxore ab Orpheo inventa p) deis multis cum lacrimis ab Orpheo oratis q) deis a Tantalo deceptis r) Tantalo a deis non liberato s) cunctis rebus a Menelao Paridi monstratis t) equo in urbem a Troianis tracto u) signo a Graecis audito v) Aenea a Mercurio vituperato w) multis rebus promissis x) Remo necato y) his (rebus) a Remo vocatis z) urbe a Romulo condita.

15.4 1. lex Hortensia – 2. provincia – 3. Pompeius – 4. praetor – 5. Arpinum – 6. Antonius – 7. Verres – 8. tribuni plebis – 9. res publica. Lösungswort: homo novus.

16.1 Ich werde dir das Schicksal der Römer zeigen/verkünden:

Jenes Rom, das du siehst, wird seine sieben Hügel mit einer Mauer umgeben und über alle Völker herrschen, glücklich angesichts der Tapferkeit seiner Männer.

Dieser Mann ist der, der dir, wie du (schon) des Öfteren gehört hast, versprochen worden ist: Kaiser Augustus wird goldene Zeiten begründen, den Bürgern ihre Freiheit und Würde wiedergeben, das Römische Reich bis an die Grenzen der Welt ausdehnen.

Die einen werden Statuen und Bilder schaffen, die anderen Prozesse führen, wieder andere den Himmel und die Gestirne beschreiben. Du aber, Römer, setze den Kriegen ein Ende und gib allen Völkern deine Gesetze (dies werden deine Künste sein). Und denke daran, die Unterworfenen zu schonen und die Hochmütigen zu bekriegen.

16.2 obtinemus – obtinebimus – obtinebamus – obtinuimus – obtinueramus. deseror – deserar – deserebar – desertus sum – desertus eram. offers – offeres – offerebas – obtulisti – obtuleras. refertur – referetur – referebatur – relatum est – relatum erat. committit – committet – committebat – commisit – commiserat. tollitis – tolletis – tollebatis – sustulistis – sustuleratis. opprimimini – opprimemini – opprimebamini – oppressi estis – oppressi eratis. educaris – educaberis – educabaris – educatus es – educatus eras. depellunt – depellent – depellebant – depulerunt – depulerant. finio – finiam – finiebam – finivi – finiveram. certat – certabit – certabat – certavit – certaverat. faciunt – facient – faciebant – fecerunt – fecerant. habitatis – habitabitis – habitabatis – habitavistis – habitaveratis. aedificatur – aedificabitur – aedificabatur – aedificatum est – aedificatum erat. detineris – detineberis – detinebaris – detentus es – detentus eras. relinquimur – relinquemur – relinquebamur – relicti sumus – relicti eramus. aperimus – aperiemus – aperiebamus – aperuimus – aperueramus. oppugnatur – oppugnabitur – oppugnabatur – oppugnatum est – oppugnatum erat.

16.3 proelia acria – sedes vestrae – vita difficilis oder: difficili – rebus necessariis – alio modo – omnia bona – omnibus curis – brevia tempora – servos omnes – servas omnes – numerum ingentem – cum hominibus divitibus – homines felices – homini improbo – dolores acres – simulacrum sanctum – scelus nefarium – agros incultos – siti acri.

16.4 Lage der Bauern: praedia deserta, nonnullos agros incultos, servi alieni agros vestros colent, sedes vestrae a dominis alienis habitabuntur, praediis vestris expulsi, cum uxoribus liberisque per Italiam erratis, senator vel patricius semper solas res suas curat, vos senatoribus patriciisque curae non estis, vitam difficilem et indignam, fame, uxores liberique vestri rebus necessariis carebunt, miseros, dominis alienis servituros esse, vitam, quae vobis nunc miseriae atque labori sit. – Situation und Verhalten der Patrizier: latifundia florentissima, numerus ingens servorum, senator vel patricius semper solas res suas curat, vos senatoribus patriciisque curae non estis, avaritia divitum.

17.1 Ihr seid das Licht der Welt … Die Menschen entzünden nicht die Öllampe und stellen sie unter einen Scheffel, sondern auf einen Leuchter, damit sie allen leuchtet, die im Hause sind. So soll euer Licht vor den Menschen leuchten, damit sie eure guten Werke sehen und euren Vater preisen, der in den Himmeln/im Himmel ist.
Ihr habt gehört, dass gesagt worden ist: Du wirst (sollst) deinen Nächsten lieben und deinen Feind hassen. Ich aber sage euch: Liebt eure Feinde, tut Gutes denen, die euch hassen, damit ihr die Söhne eures Vaters seid, der in den Himmeln/im Himmel ist.
So also werdet ihr beten: Vater unser, der du in den Himmeln/im Himmel bist: Geheiligt sei dein Name. Dein Reich möge kommen. Dein Wille geschehe, wie im Himmel, so auch auf der Erde. Unser lebensnotwendiges Brot gib uns heute. Und erlass uns unsere Schulden/Schuld, wie auch wir unseren Schuldnern vergeben. Und führe uns nicht in Versuchung, sondern befreie uns von dem Bösen. Amen/So möge es geschehen.

17.2 sis – capiat – audiantur – agamus – videas – laboretis – possit – rapiatur – veniam – caedam – debeatis – ameris – sint – accipiamus – conveniatis – diligaris – timeat – advolent.
Form von esse/posse – kons. Konjugation mit i-Erweiterung – i-Konjugation – kons. Konjugation – e-Konjugation – a-Konjugation.

17.3 a) Hoffentlich geht es dir gut. – Ich wünsche, dass es dir gut geht. b) Hoffentlich kommen unsere Freunde heute nicht. c) Ich wünsche, dass die Menschen sorglos in diesem Staat leben können. d) Ich fürchte, dass viele Menschen mit ihrem Leben nicht zufrieden sind. e) Wir wünschen, dass die Schüler gern in diesem Buch lesen. f) Wir fürchten, dass die lateinische Sprache nicht allen Schülern gefällt. g) Ich wünsche, dass die Kinder dieser Welt nicht an Hunger und Durst leiden. h) Hoffentlich fällt mir der Himmel nicht auf den Kopf. – Ich fürchte, dass mir der Himmel auf den Kopf fällt.

17.4 Timeo, ne saxum me necet. Timeo, ne Cerberus me capiat. Timeo, ne dei me numquam doloribus liberent. Timeo, ne numquam conviviis deorum intersim. Timeo, ne pater Iuppiter non iam me amet. Timeo, ne a deis numquam inviter. Timeo, ut deos decipere possim.

17.5 quid?: was? – qui: welcher – quidem: zwar, wenigstens – quam: wie – -que: und – quia: weil – quidam: jemand – quis?: wer? – quo modo?: auf welche Weise? – quod: weil – quin etiam: ja sogar – quasi: gleichsam – quot: wie viele – quamquam: obwohl – quantus: wie groß.

18.1 Antigone
Nach dem Tod des Oedipus, des Königs der Thebaner, beschlossen seine Söhne Eteokles und Polyneikes die Herrschaft über Theben untereinander aufzuteilen. Doch nach Ablauf seiner Zeit hatte Eteokles seinem Bruder nicht die Herrschaft überlassen; deshalb griff Polyneikes mit einem großen Heer Theben an. Nachdem sich die Brüder vor den Mauern der Stadt gegenseitig umgebracht hatten, befahl Kreon, der jetzt König der Thebaner war: »(Nur) dem einen der Brüder soll die Ehre eines Begräbnisses zuteil werden, nämlich dem Eteokles, weil er die Stadt verteidigt hat. Den anderen aber, Polyneikes, sollen die Thebaner, weil er Theben angegriffen hat, unbestattet liegen lassen! Möge der Körper dieses Mannes den wilden Tieren als Beute zufallen! Die Bürger aber sollen meinen Zorn fürchten: Derjenige nämlich, der mein Gesetz übertritt, soll getötet werden!«
Antigone, die Schwester jener Männer, berät sich mit ihrer Schwester Ismene: »O, Ismene, was sollen wir tun? Warum ist Kreon so schlecht, dass er verbietet, was die Götter wollen? Die Götter fordern nämlich, dass alle Toten bestattet werden.« Ismene: »Ich aber fürchte den Zorn Kreons. Er ist so grausam, dass er nicht

zögert/zögern wird, uns zum Tode zu verurteilen. Es ist besser, den Befehlen des Königs zu gehorchen.« Antigone: »Wenn ich den Weisungen der Götter gehorche, werden die Götter mir beistehen. Wenn du feige bist, werde ich allein tun, was den Göttern gefällt. Nun soll der Bruder von meiner Hand bestattet werden!« Nach der Bestattung der Leiche des Polyneikes wird Antigone von einem Soldaten Kreons festgenommen und ins Gefängnis geworfen, wo sie sich, um nicht hungers zu sterben, das Leben nimmt.

18.2 E Tartaro exeamus et lucem solis videamus!: Orpheus – Cur Iovem timeam?: Tantalus – Cur tecum Troiam abeam?: Helena – Equum aedificemus, ut Troianos decipiamus!: Ulixes – Cur vos e Tartaro exire permittamus?: Dis et Proserpina – Cur non Helenam dolo rapiam?: Paris – Homines adiuvemus et deos decipiamus!: Tantalus – Tecum in Africa maneamus, ut urbem novam aedificemus!: Aeneas – Carthaginem relinquamus, ut dei iusserunt!: Aeneas – Urbem novam condamus!: Romulus et Remus – Cur finem a te factum non transeam?: Remus – Equum in mare trahamus, ne a Graecis decipiamur!: Cassandra – Deos interrogemus, ut consilia eorum cognoscamus!: Romulus et Remus – Ne amori virorum credamus!: Aethra et Helena – Domum redeamus, mea Helena!: Menelaus.

18.3 bonum – malum; falsum – verum; mors – vita; sua – aliena; sapiens – stultus; corpus – animus; dicere – facere; aequus animus – cura; diu vivere – satis vivere.

18.4 Lösungswort: GALLIA TRANSALPINA.

19.1 Theseus und Ariadne
Als Theseus, der Sohn des Königs der Athener, sah, dass die Stadt unter einem so großen Unglück zu leiden hatte, versprach er, dass er selbst mit jenen armen Kindern zu Minotaurus fahren werde, um mit dem Ungeheuer zu kämpfen. Er glaubte nämlich, es sei die Aufgabe eines künftigen Königs, das Volk vor allen Gefahren zu schützen. Als sein Vater Aegeus ihn auf den Weg schickte, wies er ihn an, er solle – wenn Minotaurus besiegt sei – auf seinem Schiff weiße Segel setzen. Nach Theseus‘ Ankunft auf Kreta verliebte sich Ariadne, die Tochter des Minos, in ihn, und er versprach, sie zu heiraten, wenn er den Minotaurus besiegt hätte. Dann wurde er in das Labyrinth geschickt, besiegte jenes Ungeheuer und wurde mit Ariadnes Hilfe gerettet. Sie hatte ihm nämlich ein Fadenknäuel gegeben, das Theseus abwickelte, um den Ausgang aus dem Labyrinth zu finden/sodass er den Ausgang aus dem Labyrinth finden konnte. Dann verließ er, wie er versprochen hatte, zusammen mit Ariadne heimlich Kreta.
Später aber dachte er, es werde ihm Schande bringen, wenn er Ariadne, die Tochter des Königs der Feinde, als seine Frau in die Heimat mitbrächte. Daher ließ er Ariadne heimlich auf einer Insel zurück und segelte allein nach Athen. Aber weil er vergessen hatte, die schwarzen Segel auszutauschen, glaubte sein Vater Aegeus, Theseus sei von Minotaurus getötet worden, und stürzte sich ins Meer; deshalb wurde jenes Meer das Ägäische/Ägäis genannt.

19.2 gigno – luceo – eo – sum – do – debeo – incito – impleo – doceo – audio – accedo – sto – nullus – hic – velo – dignus – res – ars – dux – mors – quies – sapiens – sollicito – dies – lex – brevis – refero – excito – expello – desero – sollicito – suppedito – consisto – damno – hora – voluptas – praeficio – nubo – sermo – voluptas – inscribo – qui(s) – omnis – appello.

19.3 quod: weil; cum + Ind.: als, als plötzlich, (immer) wenn; ubi (primum): sobald; ne: dass nicht, damit nicht; quamquam: obwohl; postquam: nachdem; nisi: wenn nicht; ut + Ind.: wie; quia: weil; dum: während, solange; ut non: sodass nicht; cum + Konj.: als, weil, obwohl; si: wenn; ut + Konj.: dass, damit, sodass.

temporal: cum + Ind.; ubi (primum); postquam; dum; cum + Konj. – kausal: quod; quia; cum + Konj. – konzessiv: quamquam; cum + Konj. – final: ne; ut + Konj. – komparativ: ut + Ind. – konsekutiv: ut + Konj.; ut non. – konditional: si; nisi.

19.4 1. Wir haben ins Bett gepinkelt; da haben wir ‘was falsch gemacht, Wirt. Wenn du fragen wirst: Warum? – Es war kein Nachttopf da. – 2. Epaphra, du bist ein Glatzkopf. – 3. Marcus liebt Spendusa. – 4. Cornelia Helena wird von Rufus geliebt. – 5. Er liebt Felicla, er liebt Felicla, er liebt Felicla. – 6. Wer liebt, dem soll es gut gehen! Zugrunde gehen soll der, der nicht versteht zu lieben.

20.1 Sokrates
Als Sokrates von einem jungen Mann gefragt worden war: »Was soll ich tun? Soll ich heiraten oder ist es besser, auf die Ehe zu verzichten?«, antwortete er: »Wenn du heiratest, wirst du es bereuen. Denn wenn du eine Frau hättest, würdest du immer Ärger haben: Wenn du mit Freunden gegessen hättest und zu spät nach Hause gekommen wärst, würde deine Frau dich kritisieren. Wenn du Kinder hättest, wärst du niemals vor Sorgen sicher. Nimm noch die geschwätzige Zunge der Schwiegermutter hinzu und du wirst erkennen, dass dir die Ehe keine Freude machen wird.« Der junge Mann: »Es ist also besser, auf die Ehe zu verzichten …« Sokrates: »Das habe ich nicht gesagt. Denn wenn du nicht heiratest, wirst du es ebenfalls bereuen. Wenn

du ohne Frau lebtest, würde dir niemand helfen, wenn du krank wärst. Wenn du keine Kinder hättest, würden dir viele Freuden fehlen, würde der Untergang deines Geschlechts/deiner Familie drohen und du hättest einen fremden Erben. Nimm noch die Einsamkeit hinzu und du wirst zu der Meinung kommen, dass du eine Frau brauchst.« Der junge Mann: »Schweig, o Sokrates! Was soll ich tun? Ich weiß es nicht. Wenn du doch geschwiegen hättest!« Sokrates: »Wenn du mich nicht gefragt hättest, hätte ich geschwiegen!«

20.2 a) Wenn dies wahr wäre ... b) Wenn ich dies nicht fürchten würde ... c) Wenn der Vater leben würde ... d) Wenn ich fleißig wäre ... e) Wenn ich ihm/ihr glauben könnte ... f) Wenn ich erzählen würde ... g) Wenn mir dies gefallen würde ... h) Wenn einige mir helfen würden ... i) Wenn ich nicht verzweifeln würde ... j) Wenn ich nicht getäuscht würde ... k) Wenn ihr kämt ... l) Wenn ihr nicht verlassen würdet ... m) Wenn wir überlegen würden ... n) Wenn dies nicht verneint würde ... o) Wenn sie nicht erwartet würden ... p) Wenn dies gezeigt würde ... q) Wenn ihr verteidigt würdet ... r) Wenn du spazieren gingst ... s) Wenn du nicht weggeführt würdest ... t) Wenn dies hinzugefügt würde ... u) Wenn wir nicht den verbrecherischen Menschen anklagen würden ... v) Wenn die Götter nicht angebetet würden ... w) Wenn der Sklave das Essen brächte ... x) Wenn wir das/ein Landhaus bauen würden ... y) Wenn ich gelobt würde ... z) Wenn diese Aufgabe nicht so dumm wäre ...

20.3 A/d; B/c; C/i; D/g; E/a; F/f; G/e; H/b; I/h.

20.4 a)

Hauptsatz	**Gliedsatz erster Ordnung**	**Gliedsatz zweiter Ordnung**
Heri,		
	cum per forum ambularem,	
		ut nonnullas res emerem,
philosophus quidam,		
	qui semper de natura rerum disputare cupit,	
me salutavit et interrogare coepit ...		

b)

Hauptsatz	**Gliedsatz erster Ordnung**	**Gliedsatz zweiter Ordnung**
Curemus,		
	non ut diu vivamus, sed ut satis; nam ut diu vivas,	
fato opus est,		
	ut satis,	
animo. Longa est vita,		
	si plena est.	
Obsecro te, Lucili: Hoc agamus,		
	ut vita nostra non multum pateat, sed multum pendeat.	

Parallelismus und Antithese (non ut diu vivamus – sed ut satis; non multum pateat, sed multum pendeat).

21.1 Eine Frau hatte ihren Mann, den sie sehr geliebt hatte, verloren und seinen Leichnam in einen Sarg gelegt und in einer Gruft verborgen, von der sie nicht losgerissen werden konnte. Weil die Frau mit so großer Treue in der Gruft lebte, wurde sie von allen bewundert.
Dann/Damals wurde zufällig ein Räuber zum Tode verurteilt und von den Henkern an einem Ort, der nicht weit von der Gruft entfernt war, ans Kreuz geschlagen. Und ein Soldat wurde aufgestellt, der darüber wachen sollte, dass der Körper nicht vom Kreuz abgenommen würde.
Einmal näherte sich jener Soldat, weil er großen Durst hatte, der Frau und fragte sie, wo er Wasser finden könne. Als er die verhärmte, aber noch schöne Frau gesehen hatte, verliebte er sich in sie. Auch der Soldat gefiel der Frau ... Seit dieser Zeit besuchte jener/er die Frau oft in der Gruft und vernachlässigte darüber seine Wache.
So geschah es, dass der ans Kreuz geschlagene Körper des Räubers von seinen Freunden heimlich abgenommen wurde. Nachdem er dies bemerkt hatte, sagte der Soldat zu der Frau: »Ich weiß nicht, was ich tun soll. Ich fürchte nämlich, bestraft zu werden.« Die Frau aber (sagte): »Du brauchst dich nicht zu fürchten. Ich werde dir den Leichnam meines Mannes geben, damit du ihn anstelle des Räubers ans Kreuz schlagen kannst.« Am nächsten Tag wunderte sich das Volk, wie der Ehemann ans Kreuz gekommen war.

Mit dieser Geschichte wollte der Dichter Phaedrus, wie er selbst sagte, zeigen, von welch großer Unbeständigkeit die Frauen seien.

21.2 a)

Hauptsatz	**Gliedsatz erster Ordnung**	**Gliedsatz zweiter Ordnung**
Orpheo,		
	qui in Thracia vivebat,	
dei hanc artem dederant,		
	ut carminibus,	
		quae lyra canebat,
	et homines et bestias et saxa delectaret,	
		ut gauderent, dolerent, riderent, flerent ut homines.

b)

Hauptsatz	**Gliedsatz erster Ordnung**	**Gliedsatz zweiter Ordnung**
	Quod Eurydica,	
		dum cum amicis per prata ambulat,
	morsu serpentis laesa et veneno necata est,	
tam graviter Orpheus doluit,		
	ut iterum atque iterum deos interrogaret,	
		quis eorum tanta crudelitate esset et qua de causa dei semper homines vexarent.

c)

Hauptsatz	**Gliedsatz erster Ordnung**	**Gliedsatz zweiter Ordnung**
Orpheus,		
	postquam ad portam Taenariam iit,	
carminibus Cerberum,		
	qui vigilabat ad portam,	
ita mitigavit,		
	ut virum fortem ad mortuos descendere permitteret.	

21.3 numerus – Anzahl; arma – Waffen; gloria – Ruhm; fides – Treue, Glaube; amas – du liebst; habes – du hast; scribere – schreiben; committere – veranstalten, anvertrauen; movere – bewegen; respondere – antworten; accipere – annehmen, empfangen; studere – sich bemühen, versuchen; esse – sein.

21.4 a) sum, es, est, sumus, estis, sunt. – b) amo, amas, amat, amamus, amatis, amant. c) amavi, amavisti, amavit, amavimus, amavistis, amaverunt. d) Der erste Bestandteil der Perfektformen lässt sich von *habere* ableiten.

22.1 Der Ausbruch des Vesuvs

Im Jahre 79 n. Chr. zerstörte der Ausbruch des Vesuvs zahlreiche Städte. Schon viele Tage erschreckten häufige Erdbeben die Bewohner dieser Gegend, als (plötzlich) gemeldet wurde, dass sich auf dem Gipfel des Berges eine riesige schwarze Wolke gezeigt habe. Dann folgten viele Stürme, die viel heftiger als die sonst üblichen (zu sein) schienen.

Weil die Bewohner die Gefahr fürchteten, blieben sie zu Hause und beobachteten voller Furcht den Berg. Als mitten in der Nacht dem Berg plötzlich Feuer entstiegen, wurden manche Leute von so großem Schrecken erfasst, dass sie sofort die Flucht ergriffen. Sie stürzten ins Freie und versuchten, sich vor den einstürzenden Mauern in Sicherheit zu bringen. Doch beim Herannahen der schwarzen Wolke wurden viele durch den vom Himmel fallenden Aschenregen getötet. Sowohl diejenigen, die mit Schiffen übers Meer zu fliehen versuchten, als auch diejenigen, die in ihren Häusern die Rettung suchten, wurden von dem Aschenregen verschüttet und erlitten einen entsetzlichen Tod.

Bei dieser Katastrophe kam auch Plinius, der Onkel des Dichters Plinius, der uns über dieses Ereignis informiert hat, ums Leben: Weil er versucht hatte, dieses »Wunder« – als ein solches erschien es ihm nämlich – aus nächster Nähe zu betrachten, erstickte er an dem dichten Rauch.

22.2 a) Gliedsatz: Der Lehrer macht uns Freude, obwohl/weil/indem er singt. Hauptsatz: Der Lehrer singt und macht uns damit/trotzdem Freude. Präpositionaler Ausdruck: Mit seinem Gesang/Trotz seines Ge-

sangs macht der Lehrer uns Freude. – Mögliche semantische Funktionen: konzessiv, kausal, temporal, modal.
b) Gliedsatz: Obwohl Tantalus alles besaß, wollte er die Götter übertreffen. Hauptsatz: Tantalus besaß alles; trotzdem wollte er die Götter übertreffen. Präpositionaler Ausdruck: ./. – Mögliche semantische Funktionen: konzessiv.
c) Gliedsatz: Die Römer hielten die griechischen Philosophen für gefährlich, weil sie viele Dinge diskutierten. Hauptsatz: Die griechischen Philosophen diskutierten viele Dinge; deshalb hielten die Römer sie für gefährlich. Präpositionaler Ausdruck: ./. – Mögliche semantische Funktionen: kausal.

22.3 1. sequerer: sequebar (alle Indikativ) 2. sequeremus (falsche Form): sequeremur 3. vereris: verearis (alle Konjunktiv) 4. vereberis: verebitur (alle 3. Person Singular) 5. lavetur: lavabitur (alle Futur) 6. lavatus es: lavati estis (alle 2. Person Plural) 7. venamur: venans (alle Partizip).

22.4 1 b); 2 a); 3 b); 4 a); 5 c); 6 c); 7 a).

23.1 Einmal sah der weise Aesop den Sieger eines sportlichen Wettkampfs, der sich mit allzu großem Stolz/allzu stolz mit seinem Sieg brüstete. Er fragte ihn, ob der Gegner über größere Kräfte verfügt habe als er selbst. Jener antwortete: »Aus welchem Grund hast du mich das gefragt? Zweifelst du etwa, dass ich stärker gewesen bin als dieser Gegner da? Es steht fest, dass meine Kräfte sehr viel größer waren.« Aesop aber (antwortete): »Welchen Ruhm, du ausgemachter Dummkopf, verdienst du, wenn du als Stärkerer einen Schwächeren besiegt hast? Es wäre besser, wenn du sagen würdest, du habest jemanden besiegt, der dir an Kräften überlegen (gewesen)war.«

23.2 domini: sapientioris, benigniores, humani, optimi, melioris, meliores; dea: bona, fideli, mobilis, minore, sapientissima; imagines: carae, maximas, miserae, turpissimas; agricolae: fortis, fortes, forti, omnes, mali, fidelissimo, sapienti; tempus: minus, malum, pessimum.

23.3 a) Plinius ist im Zweifel, ob seine Vorgehensweise richtig ist; deshalb wendet er sich an den Kaiser. Er hat mit Christen zu tun, von denen er verlangt, dass sie die Götter anbeten und das Bild des Kaisers verehren. Herausgefunden hat er, dass sie sich treffen, offenbar aber keine Verbrechen begehen. Es handelt sich anscheinend um einen Aberglauben. Da er unsicher ist, ob er bisher richtig vorgegangen ist, bittet er den Kaiser um Rat. Bislang befragt er die Christen und je nach Ergebnis lässt er sie frei oder hinrichten. b) z.B. optime – spectatior – honestior – modum agendi – licet – ne severior – non conquiri – pessimi exempli – nec nostri saeculi. Trajan lobt Plinius, hält ihn für sehr angesehen und freut sich, dass er einen so guten Ruf genießt. Grundsätzlich kann er so verfahren wie beschrieben, aber er darf nicht zu streng vorgehen, er soll die Christen nicht verfolgen; denn das passe nicht zu seinen Prinzipien.

23.4 A) 7; B) 6; C) 8; D) 1; E) 5; F) 3; G) 4; H) 2.

24.1 Einmal kam Alexander, der größte Feldherr der Makedonen, in die Stadt Sinope, weil er den Philosophen Diogenes sehen wollte. Jener hatte all sein Hab und Gut verschenkt und dann auch den Becher fortgeworfen, aus dem er Wasser zu trinken gewohnt war, weil er zum Trinken lieber seine Hände verwenden wollte. Diogenes aber wohnte in einem Fass und saß gerade in der Sonne, als Alexander erschien. Nachdem er den Philosophen begrüßt hatte, wurde er von Diogenes gefragt, warum er ihn besuche. Alexander: »Ich weiß, dass du arm bist. Daher möchte ich dir, falls du etwas brauchst, schenken, was immer du dir erbittest.« Diogenes (antwortete) lachend: »Bring mich nicht dadurch, dass du mich beschenkst, von meinen Grundsätzen ab. Wenn du fragst, was ich mir wünsche: Ich möchte nur, dass du mir nicht vor der Sonne stehst.«

24.2 1. pontem exstruendi causa – um eine Brücke zu bauen. 2. non esse causam exstruendi – es bestehe kein Anlass die Brücke zu bauen. 3. ut pons exstrueretur – die Brücke zu bauen. 4. ad exstruendum – zum Bau. 5. in exstruendo – beim Bau. 6. hunc pontem exstruendo – durch den Bau dieser Brücke. 7. ponte exstructo – nachdem die Brücke gebaut worden war. 8. per pontem exstructum – über die gebaute Brücke. 9. in ponte exstructo – auf der gebauten Brücke.

24.3 malo: 1. Pers. Sg. Ind. Präs. Akt. von malle: lieber wollen; Dat. und Abl. Sg. m. und n. von malus, a, um: schlecht – volebat: 3. Pers. Sg. Ind. Impf. Akt. von velle: wollen – volabat: 3. Pers. Sg. Ind. Impf. Akt. von volare: fliegen – opera: Nom. und Abl. Sg. von opera, ae f.: Arbeit, Mühe und Nom. und Akk. Pl. von opus, eris n.: Werk – mora: Nom. und Abl. Sg. von mora, ae f.: Aufschub, Zeit(raum) – more: Abl. Sg. von mos, moris m.: Sitte – morte: Abl. Sg. von mors, tis f.: Tod – constat: 3. Pers. Sg. Ind. Präs. Akt. von constare: bekannt sein, feststehen – consistit: 3. Pers. Sg. Ind. Präs. Akt. von consistere: Halt machen, stehen bleiben – constituit: 3. Pers. Sg. Ind. Präs. oder Perf. Akt. von constituere: aufstellen, festsetzen, errichten – prodest: 3. Pers. Sg. Ind. Präs. Akt. von prodesse: nützen – potest: 3. Pers. Sg. Ind. Präs. Akt. von posse: können –

video: 1. Pers. Ind. Präs. Akt. von videre: sehen – videor: 1. Pers. Sg. Ind. Präs. Pass. von videre: sehen und 1. Pers. Sg. Ind. Präs. Pass. von videri (Deponens): scheinen – iudicium: Nom. und Akk. Sg. von iudicium, i n.: Urteil – iudicum: Gen. Pl. von iudex, icis m.: Richter – fere: Adv.: ungefähr, etwa – ferre: Infinitiv Präs. Akt.: tragen, bringen, ertragen – vitia: Nom. und Akk. Pl. von vitium, i n.: Fehler, Laster – vita: Nom. und Abl. Sg. von vita, ae f.: Leben – aeris: Gen. Sg. von aes, aeris n.: Erz, Bronze – artis: Gen. Sg. von ars, artis f.: Kunst – servat: 3. Pers. Sg. Ind. Präs. Akt. von servare: retten, bewahren – servit: 3. Pers. Sg. Ind. Präs. Akt. von servire: dienen, Sklave sein – certi: Gen. Sg. m. und n. und Nom. Pl. m. von certus, a, um: sicher, bestimmt – ceteri: Nom. Pl. m.: die Übrigen – ora: Imp. Sg. von orare: reden, bitten und Nom. und Abl. Sg. von ora, ae f.: Küste und Nom. und Akk. Pl. von os, oris n.: Mund, Gesicht – cura: Nom. und Abl. Sg. von cura, ae f.: Sorge, Sorgfalt und Imp. Sg. von curare: besorgen, sich kümmern um – regna: Nom. und Akk. Pl. von regnum, i n.: Königreich und Imp. Sg. von regnare: regieren, herrschen – cogito: 1. Pers. Sg. Ind. Präs. Akt. von cogitare: überlegen – cogo: 1. Pers. Sg. Ind. Präs. Akt. von cogere: zusammentreiben, zwingen.

24.4 a) cupere – cupiditas – cupido – cupidus. b) domus – dominus – domina. c) ducere – dux – educare. d) facere – facilius – facultas. e) gens – genus – gignere – ingenium – ingens. f) gratia – gratuito – ingratus. g) liberare – liber – libertas – liberi. h) miser – misericordia – miseria. i) necessitas – necessarius – necesse. j) pater – patria – patricius – patrius. k) primus – primo – principatus – princeps – prius. l) regina – regnare – regnum – rex – regia. m) sacer – sacramentum – sacrum. n) sedere – sedes – possidere – obsidere – obsidio. o) senator – senatus – senectus.

25.1 Und siehe, einer kam näher und sagte zu Jesus: »Meister, was soll ich Gutes tun, um das ewige Leben zu haben/erringen?« Dieser sagte zu ihm: »Wenn du aber zum Leben gehen willst, halte die Gebote. […] Ehre deinen Vater und deine Mutter und liebe deinen Nächsten wie dich selbst.« Der junge Mann sagte (daraufhin) zu ihm: »Dieses habe ich von meiner Jugend an befolgt. Was fehlt mir noch?« Jesus antwortete ihm: »Wenn du vollkommen sein willst, so geh, verkaufe, was du hast, und gib es den Armen und du wirst einen Schatz im Himmel haben. Und komm, folge mir.« Als aber der junge Mann dieses Wort gehört hatte, ging er traurig fort: Er war nämlich sehr reich und nicht bereit, alles zu verkaufen. Jesus aber sagte zu seinen Jüngern: »Amen, ich sage euch, dass ein Reicher schwerlich in das Himmelreich kommen wird/kommt. Und noch einmal sage ich euch: Es ist leichter, dass ein Kamel durch ein Nadelöhr geht, als dass ein Reicher in das Himmelreich kommen wird/kommt.«

25.2 Partizip der Gleichzeitigkeit: ignorantibus, his rebus accidentibus, imber deficiens, omnia custodienti, flens, advenientis. – Gerundivum: bellis gerendis, caedibus faciendis, ad cenas parandas, ad vitam agendam. – Gerundium: iniuriam ferendo, ad placandum, id videndi, vincendi, caedendo. – Partizip der Vorzeitigkeit: cladibus illatis, ira deorum placata, vita bene acta, his rebus dictis, itinere facto, punitas.

25.3 res nullius.

25.4 1 b); 2 c); 3 b); 4 a); 5 c).

26.1 Bei der Unterrichtung von Knaben muss man vor allem einen trockenen Lehrer vermeiden genauso wie bei noch zarten Pflanzen eine trockene Erde. Und man muss auch daran erinnern, dass der Geist der Knaben durch allzu große Strenge Schaden nimmt; denn sie verzweifeln und leiden und, was am meisten schadet: Wenn sie sich vor allem fürchten, bemühen sie sich nicht mehr zu lernen. Dies wissen auch die Bauern, die nicht glauben, dass man zarte Pflanzen mit der Sichel bearbeiten soll, weil sie noch keine Verletzungen aushalten können.

Die Schüler ermahne ich einzig dazu, dass sie ihre Lehrer nicht weniger als ihre Studien selbst lieben und sie zwar nicht als ihre leiblichen, wohl aber als ihre geistigen Eltern ansehen. Diese Liebe wird für das Lernen von großem Nutzen sein. Denn so werden sie froh in die Schule kommen, werden gerne zuhören, werden, wenn man sie getadelt hat, nicht zornig sein und werden sich, wenn man sie gelobt hat, freuen.

Die Schüler, die die Anweisungen des Lehrers nicht befolgt haben, müssen freilich bestraft werden. Denn so wie es die Aufgabe der Lehrer ist zu unterrichten, so ist es die Pflicht der Schüler, sich gelehrig und (eifrig) bemüht zu zeigen. Aber ich möchte auf gar keinen Fall, dass sie geschlagen werden, sowohl weil das schimpflich ist, als auch weil diejenigen, die durch Tadel nicht gebessert wurden, auch durch Schlagen nicht gebessert werden.

26.2 potuerim, potueris, potuerit, potuerimus, potueritis, potuerint. – tradidisssem, tradidisses, tradidisset, tradidissemus, tradidissetis, tradidissent. – nocerem, noceres, noceret, noceremus, noceretis, nocerent. – imiter, imiteris, imitetur, imitemur, imitemini, imitentur. – arripuerim, arripueris, arripuerit, arripuerimus, arripueritis, arripuerint. – issem, isses, isset, issemus, issetis, issent. – feram, feras, ferat, feramus, feratis, ferant.

26.3 a) Nachdem Benedikt sich mit einigen Freunden in die Einsamkeit zurückgezogen hatte (temporales cum +

Konj.), gab er den Menschen Regeln zum Befolgen. b) Die Regel des Benedikt schreibt vor, dass diejenigen, die Christus wahrhaft suchen wollen, Gehorsam leisten sollen/müssen (final). c) Der Abt sagt: »Wir wollen die Regeln des Benedikt befolgen (adhortativ), da der Weg, der zum Leben führt, eng ist (kausal). d) Wenn der Mönch sich nicht einer schwereren Verfehlung schuldig gemacht hätte, wäre er nicht vom Tisch und Beetsaal entfernt worden (Irrealis der Vergangenheit). e) Das Laster soll beseitigt werden (Optativ), dass keiner etwas gibt oder annimmt ohne Geheiß des Abts (final). f) Der Abt gibt den Älteren die Weisung, dass sie zusehen sollen (final), dass der Bruder nicht gegen die heilige Regel verstößt (final). g) Wenn alle Brüder den Vorschriften der Älteren gehorchen würden, würden sie nicht von ihnen getadelt werden (Irrealis der Gegenwart). h) Der Abt fragt die Älteren, was dieser Bruder da getan hat (Konj. im indirekten Fragesatz).

26.4 a) Monachis angusta via arripienda est. b) Fratribus certis temporibus laborandum est. c) Monachus piger abbati puniendus est. d) Frater culpae noxius senioribus admonendus est. e) Monachis quicquam habendum non est. f) Monachis suo arbitrio vivendum non est. g) Fratribus semper orandum et laborandum est.

27.1 In seinem Werk mit dem Titel »Der Gottesstaat« erzählt Augustinus, dass der Pirat Dionides mit einer einzigen Galeere lange Zeit die Menschen ausgeraubt und gekidnappt hat. Nachdem dieser auf Befehl des Feldherrn Alexander mit vielen Schiffen gesucht und schließlich festgenommen worden war, soll er von Alexander gefragt worden sein: »Weshalb hat das Meer dich zum Feind?« Jener antwortete sofort: »(Und) Warum dich die ganze Welt? Aber wenn ich dies mit nur einer Galeere tue, werde ich als Räuber bezeichnet; du aber wirst, wenn du die ganze Welt mit einer großen Menge von Schiffen überfällst, als Feldherr gerühmt. Wenn ich nicht arm gewesen wäre, hätte ich keine Schiffe überfallen. Wenn das Schicksal mir gegenüber gnädiger wäre, wäre ich ein besserer Mensch. Du aber wirst, je glücklicher du bist, desto schlechter. Also verachte mich nicht, kritisiere mich nicht, mache mir nicht mein Schicksal zum Vorwurf!«
Daraufhin schenkte Alexander dem Piraten großen Reichtum und Dionides soll sich aus einem Räuber in einen Verfechter der Gerechtigkeit verwandelt haben.

27.2 bewundernswert – bürgerlich – schrecklich, grausam – sterblich – unsterblich – unüberwindbar – kameradschaftlich – nützlich – leicht (»machbar«) – lobenswert – liebenswert – glaubhaft – gelehrig – schiffbar – kläglich, erbärmlich – annehmbar – standhaft, unerschütterlich – zweifelhaft.

27.3 a) das Volk über die notwendigen Dinge beraten lassen. b) dieses Buch für gut erachten. c) für sein eigenes Ansehen sorgen. d) grausam gegen das Volk vorgehen. e) über alle Dinge beratschlagen. f) für das Vaterland sorgen.

27.4 Traianus imperator: temporibus eius imperium Romanum maximum fuit. – Francesco Petrarca: »homo litteratus« appellatus est. – Petrus: Romae temporibus imperatoris Neronis necatus est. – Marcus Aurelius: imperator et philosophus fuit. – Paulus: iter per Asiam, Graeciam, Italiam fecit. – Vitruvius: librum de architectura scripsit. – Epicurus: voluptatem summum bonum putavit. – Hippocrates: medicus praeclarus fuit. – Marcus Tullius Cicero: quaestor Siciliae fuit. – Hieronymus: pater Vulgatae est. – Marcus Porcius Cato: ei medici et philosophi Graeci odio fuerunt. – Zeno: pater scholae Stoicae est. – Imperator Augustus: sibi ipsi nomen principis dedit. – Johann Reuchlin: in Germania vixit. – Gaius Iulius Caesar: Galliam expugnavit. – Ambrosius: episcopus Mediolani fuit.

28.1 Dann wurde der Krieg gegen die Sachsen wieder aufgenommen. Das Volk der Franken musste keinen erbitterteren Krieg führen als diesen; denn die Sachsen waren wie fast alle Bewohner Germaniens von Natur aus grausam, dem Götzenkult hingegeben und Gegner unserer Religion und sie hielten es nicht für schimpflich, die göttlichen und menschlichen Gesetze zu übertreten. Dieser Krieg wurde 33 Jahre lang geführt. Er hätte freilich in kürzerer Zeit beendet werden können, wenn die Treulosigkeit der Sachsen dies zuließe. Es steht aber fest, dass jene des Öfteren versprochen hatten, dass sie sich dem Kaiser ergeben, dass sie den Götzenkult aufgeben würden und den Wunsch hätten, sich zur christlichen Religion zu bekehren. Zwar sagten sie, sie seien bereit, alles zu tun, was gefordert sei, hielten sich aber dennoch niemals an ihre Versprechungen. Nachdem Karl schließlich alle, die Widerstand zu leisten gewohnt waren, besiegt hatte, und 10 000 Menschen, die auf beiden Ufern der Elbe wohnten, auf Gallien und Germanien verteilt hatte, gaben die Sachsen den Götzenkult auf, bekehrten sich zum christlichen Glauben, vereinigten sich mit den Franken und bildeten zusammen mit ihnen ein einziges Volk.

28.2 a) (duco m. dopp. Akk.; alea, ae *f.*; epulae, arum *f.*; colloquor inter) Antronius hält es für schön zu jagen oder mit dem Würfel zu spielen, für noch schöner aber an Gastmählern teilzunehmen und sich mit Freunden zu unterhalten. b) (dego vitam) Magdalia wäre unglücklich, wenn sie das Leben des Antronius führen müsste. c) (fungor m. Abl.; veto m. aci) Trajan schreibt, dass Plinius seine Pflichten bestens erfülle. Aber er verbietet ihm die Christen zu verfolgen. d) (recuso, ne) Plinius befiehlt, dass die Christen, die sich weigern, das Bild des Kaisers zu verehren, zum Tode verurteilt werden. e) (molior) Kaiser Nero ließ die Hauptstadt in Brand stecken, um ein neues Rom zu bauen. f) (occido [Kompositum zu caedere]; senex, senis m. u. f.). Nero ließ Seneca töten, obwohl Seneca schon ein alter Mann war.

28.3 (transitus, us m.) Nichts ist so nützlich, dass es im Vorübergehen nützt. – (nusquam) Nirgends ist, wer überall ist. – (iucundus, a, um; sollicitudo, inis f.; depono) Mach dir daher dein Leben schön, indem du jede Sorge um es ablegst. – Ziehe dich auf dich selbst zurück, soweit du kannst. – (perdo, perdidi) Wer sich selbst besitzt, hat nichts verloren. – (philosophor) Wenn du philosophierst, ist es gut. – (ideo) Deshalb müssen wir beschließen, was wir wollen, und dabei müssen wir bleiben. – Was ist Weisheit? Immer dasselbe wollen und dasselbe nicht wollen. – (memini; demo; tumultus, us m.) An jenes erinnere dich aber vor allem: den Dingen ihre Aufregung zu nehmen und zu sehen, was an jeder Sache dran ist. – (angulus, i m.) Ich bin nicht für nur einen Winkel geboren, meine Heimat ist diese ganze Welt. – Zu handeln lehrt die Philosophie, nicht zu reden. – Unsere Worte sollen nicht erfreuen, sondern nützen. – (prope; intus) Gott ist dir nahe, er ist bei dir, er ist in dir. – Keine gute Gesinnung existiert ohne Gott. – (rationalis, e; animal, lis n.) Der Mensch ist nämlich ein Vernunftwesen. – Der Weise tut nichts gegen seinen Willen. – (servitus, tutis f.) Die Knechtschaft hält nur wenige fest, aber die Mehrzahl hält die Knechtschaft fest. – (quicumque, quaecumque, quodcumque) Wer auch immer beschließen wird, glücklich zu sein, der soll davon ausgehen, dass das allein gut ist, was sittlich gut/ehrenhaft ist. – Alles sittlich Gute/Ehrenhafte ist freiwillig. – Denn nicht zu leben ist ein Gut, sondern gut zu leben. – (antequam; praeparo) Wir müssen uns eher auf den Tod als auf das Leben vorbereiten. – (firmamentum, i n.; fido) Es gibt ein einziges Gut, das die Ursache und die Sicherung eines glücklichen Lebens ist: sich selbst vertrauen. – (amicitia, ae f.; casus, us m.) Es entzieht der Freundschaft ihre Erhabenheit, wer sie nur für günstige Fälle schließt. – (sarcina, ae f.; enato) Keiner rettet sich schwimmend mit Gepäck. – (divitiae, arum f.) Groß ist jener, der im Reichtum arm ist. – Nicht wer wenig hat, sondern wer mehr begehrt, ist arm. – (ambitio, onis f.; respicio) Diesen Fehler hat jeder Ehrgeiz: Er schaut nicht zurück. – (tamdiu; quemadmodum; quamdiu) Man muss so lange lernen, wie man leben soll, solange man lebt.

10 Atticus autem tacet, quod auctores bonos non amat.
Nam numquam magnos errores invenit,
numquam auctores vituperare potest …

tacēre: schweigen
numquam *Adv.*: niemals
potest: er kann

2.2 *Setzen Sie die Reihen fort.*

a) dominus – dominum – domini – dominos – amicus – amicum – amici – amicos – uxor –

___________ – ___________ – ___________ – serva – ___________ – ___________ –

___________ – via – ___________ – ___________ – ___________ – mercator –

___________ – ___________ – ___________.

b) cena bona – cenae bonae – cenam bonam – cenas bonas – serva contenta –

___________________ – ___________________ – ___________________ – dominus

iratus – ___________________ – ___________________ – ___________________ – timor

magnus – ___________________ – ___________________ – ___________________.

c) exspectare – exspectat – exspectant – vendere – ___________ – ___________ – esse –

___________ – ___________ – iubere – ___________ – ___________ – audire –

___________ – ___________ – clamare – ___________ – ___________.

2.3 *Wer tut was? Ergänzen Sie die Endungen und übersetzen Sie.*

1. Serva cib____ par____. Cib____ para____ servae. Cib____ uxor para____.
2. Amici domin____ saluta____. Domin____ amici saluta____. Dominus amic____ saluta____. Salutant domin____ amic____.
3. Amic____ valde contentus est. Amici valde content____ sunt. Servae valde content____ sunt. Valde content____ est serva.
4. Domin____ et domin____ servas lauda____. Domin____ serv____ laudat.
5. Cib____ bonus est. Cib____ bon____ sunt. Cena bon____ e____. Boni sunt cib____.

6. Mens____ ornant serv____. Serva mens____ orn____. Serv____ mensas orn____.

7. Syr____ et Lydi____ serv____ lect____ par____ et mens____ apporta____. Syr____ serv____ lect____ par____ et mens____ apporta____. Mens____ apportat serv____.

8. Serv______ hodie apud mecator____ cib____ eligunt. Apud mercator____ hodie servus cib____ elig____.

9. Amic____ adveni____ et valde contentus e____. Amic____ adveniunt et valde content____ ____.

10. Fabul____ leg____ iuv____. Discipul____ fabul____ leg____ non amat.

2.4

Ordnen Sie den Substantiven der linken Spalte passende Adjektive der rechten Spalte zu.

cenam	magnas
dominus	contentae
timorem	contentos
pecuniam	magnam
cibi	magnum
servae	bonam
mensas	iratus
amicos	boni

2.5

Jede Zeile des Kastens enthält freie Felder, in die ein lateinisches Wort passt. Die Buchstaben in den stark umrandeten Feldern ergeben, von oben nach unten gelesen, das lateinische Lösungswort. (Ziehen Sie auch die Vokabelangaben zu den lateinischen Texten sowie die Informationstexte im Buch hinzu.)

1 der ist auf 180
2 unverdünnter Wein
3 bekannte deutsche Automarke, deren Name sich von einem lateinischen Wort ableitet
4 römischer Name
5 steht heute auf dem Speiseplan
6 sind für manche das Wichtigste im Leben
7 das Gegenteil von klein
8 die wichtigste Frucht im Süden
9 das Gegenteil von »er tadelt«
10 ein Zeitadverb

1
2
3
4
5
6
7
8
9
10

3

3.1 *Übersetzen Sie.*

Der Fuchs und der Rabe

Corvus caseum rapuit.
Ad arborem volat; ibi caseum comedere incipit.
Tum vulpes corvum et caseum spectat.
»Salve, corve. Quid agis?«
5 Corvus autem tacet, caseum comest.
Vulpes clamat:
»Nonne audis? Salve, corve!
Corvus tacet.
Vulpes: »Quam bellus es!
10 Quam belli estis, corvi!
Nos vulpes semper vos corvos spectare amamus …
Vos autem audire non amamus:
Nam, heu!, cantare non potestis.
Tu tam bellus es, sed etiam tu cantare non potes.«
15 Corvus iratus est – et cantare incipit.
Itaque caseum dimittit,
vulpes autem valde gaudet.

corvus *m.*: Rabe
cāseus *m.*: Käse
rapuit: er hat gestohlen
arbor *f.*: Baum
volāre: fliegen
comedere: essen
incipere: anfangen
vulpēs *f.*: Fuchs
comest: er isst
quam: wie
bellus, a: schön
vulpēs *Nom. Pl. f.*: Füchse
heu: ach!
cantāre: singen
sed: aber
dīmittere: *hier:* fallen lassen

3.2 *Kreuzen Sie an, welche Form des Verbs vorliegt.*

Form	Person			Numerus		Imperativ	Infinitiv
	1	2	3	Sing.	Plural		
ite							
veniunt							
potestis							
ago							
admittis							
tacet							
cave							
opprimunt							
posse							
vocamus							
vehitis							
spectate							
vigilas							
dormio							
sunt							

3.3 *Verbinden Sie in Ihrem Heft alle sinnvollen Möglichkeiten und übersetzen Sie. Wie viele Möglichkeiten gibt es?*

ego	me	laudo
tu	te	laudas
nos	nos	laudamus
vos	vos	laudatis

3.4 *Ordnen Sie passende Tätigkeiten den Ihnen aus den Lektionen 1 bis 3 bekannten Personen zu.*

discere	Marcia
cenam apportare	
cibos emere	Marcus
recitare	
fabulam legere	Atticus
lectos parare	
cenam bonam parare	Syrus
mensas apportare	
discipulos dimittere	Domitilla
discipulos laudare, vituperare	
laborare	
fabulam audire	
mensas ornare	

3.5 *Ergänzen Sie die Personalpronomina und die fehlenden Endungen in folgendem Text.*

Markus sitzt in der Schule und macht sich seine Gedanken:

a) _____ Atticum saluto, sed cur magister hodie _____ non salutat?

b) Graece et Latine scribere et legere libenter disc_____, _____,

Attic_____, autem tim_____.

c) Nam saepe Lucium laud_____, _____ autem semper vituper_____.

d) Ibi Quintus sed_____.

e) Cur, Quint_____, nihil ag_____, nonne magistr_____ aud_____?

f) Miser Quintus nunc legere deb_____, err_____.

g) Cur, Attic_____, Quintum non adiuv_____?

sed: aber

Graecē *Adv.*: auf Griechisch
Latīnē Adv.: auf Lateinisch

h) Cur semper _____ discipulos vituper_____,

nonne _____ laudare pot_____?

i) _____ magistri!

j) Tac_____ ! Domum _____ dimitte!

domum: nach Hause

k) Fabulas audire non pos_____, fess_____ sum.

l) Cenam exspect_____.

4

4.1 *Übersetzen Sie.*

Der Sklave Dorus

Dōrus, ī *m.*: Eigenname

Caesar Tiberius hodie villam visitat.
Dorus, servus Tiberii,
cum dominum videt,
valde sedulus est:
5 Paulisper tectum horrei reparat,
paulisper frumentum colligit,
paulisper olivas malaque carro imponit,
paulisper uxori vilici et servis adest:
Cenam Caesari parant.
10 Diu vias horti camporumque pulverulentas,
quibus Caesar ambulat,
aqua conspargit …
Denique Tiberius servum advocat.
Dorus gaudet; Caesar autem:
15 »Cuncti labores, Dore, vani sunt.
Ego te non manumittam!«

Caesar Tiberius, Caesaris Tiberiī *m.*: Kaiser Tiberius *(1. Jh. n. Chr.)*

paulisper *Adv.*: ein Weilchen

olīva, ae *f.*: Olive
mālum, ī *n.*: Apfel
impōnere, impōnō + *Dat.*: aufladen auf
adest: er hilft

diū *Adv.*: lange
pulverulentus, a, um: staubig
quibus: auf denen

aquā conspargit: er besprengt mit Wasser
dēnique *Adv.*: schließlich
advocāre, advocō: *erschließen Sie die Bedeutung aus* ad + vocāre
gaudēre: sich freuen
vanus, a, um: vergeblich
manūmittam: ich werde freilassen

4.2 *Kopieren Sie die folgende Seite (14), schneiden Sie das Formendomino aus und bringen Sie die »Steine« in die richtige Reihenfolge.*

magister sedulus	Dativ
uxorem miseram	dieselbe Form von salus bona
vitae durae	Genitiv
magnorum hortorum	Singular
magistrorum miserorum	Akkusativ
vilicis iratis	Singular
servis multis	Genitiv
otium bonum	dieselbe Form im Plural von magnum gaudium
domino bono	dieselbe Form im Plural von servae multae
	Plural von servae multae
magna gaudia	Singular
servus aegrotus	Genitiv Plural
magni horti	dieselbe Form von vita dura
vitae durae	Dativ
senatori pigro	Genitiv
vitae durae	dieselbe Form von otium bonum

magnum gaudium	Nominativ
servorum aegrotorum	dieselbe Form von magister miser
saluti bonae	dieselbe Form von dominus bonus
magistros miseros	Dativ
magnum gaudium	dieselbe Form von servus aegrotus
magistro sedulo	dieselbe Form von vita dura
senatoris pigri	dieselbe Form von magister sedulus
vilico irato	dieselbe Form von senator piger
magistri seduli	Nominativ
senatoris pigri	dieselbe Form von uxor misera
uxoris miserae	Akkusativ
salutem bonam	Dativ
otii boni	Akkusativ
vitae durae	dieselbe Form von senator piger
magistris miseris	dieselbe Form von vilicus iratus
servarum multarum	dieselbe Form von magnus hortus

4.3 *Wie viele Präpositionen, wie viele Adverbien und wie viele Adjektive enthält der Kasten? Wenn Sie die Zahlen hintereinander schreiben, ergibt sich ein für die römische Geschichte wichtiges Jahr.*

portare, advenire, cibus, hodie, cena, ad, apud, bonus, uxor, aegrotus, subito, postridie, piger, monstrare, salus, cum, ubique, dare, cavere, labor, fessus, vos, post, vale, libenter, tum, ibi, magnus.

____

4.4 *Aus den Informationstexten der Lektionen 1 bis 4. Es ist jeweils nur eine Antwort richtig; kreuzen Sie sie an.*

Hauptnahrungsmittel der Römer war	a) Getreide b) Fleisch c) Milch
Das *prandium* war	a) ein opulentes Frühstück b) die Hauptmahlzeit c) ein kleiner Imbiss um die Mittagszeit
Das *triclinium* war	a) eine Schulbank b) ein Krankenzimmer für drei Kranke c) das Esszimmer
Schule war im alten Rom	a) Privatsache b) sehr abwechslungsreich c) eine staatliche Einrichtung mit gut besoldeten Lehrern
Das Gesamtnetz der Aquädukte umfasste in Rom eine Länge von	a) 10 km b) 100 km c) 500 km
In der frühen Kaiserzeit lebten in Rom ca.	a) 10 000 Einwohner b) 1 000 000 Einwohner c) 3 000 000 Einwohner
Eine *popina* ist	a) ein gutes römisches Restaurant b) eine kleine Kneipe c) eine Küchenhilfe
Unter einer *insula* versteht man	a) einen Wohnblock b) eine ruhig gelegene Villa auf einer Insel c) ein Stadthaus

Die antike Wirtschaft basierte wesentlich auf	a) dem Mittelstand b) großen Unternehmen c) der Sklavenarbeit
Die Zahl der Sklaven machte in Italien	a) ca. 30 % der Bevölkerung aus b) ca. 2 % der Bevölkerung aus c) ca. 10 % der Bevölkerung aus
Eine Familie der Mittelschicht hatte in der Regel	a) keine Sklaven b) 10 Sklaven c) 1 bis 3 Sklaven
Sklaverei war in der Antike	a) geächtet, aber dennoch üblich b) eine Selbstverständlichkeit c) scharf kritisiert

5

5.1 *Übersetzen Sie.*

Der Frosch und der Ochse

Rana per pratum ambulat et natis suis cibum quaerit.
Subito magnum bovem per pratum ire videt.
Bovem tam magnum, ranas tam parvas esse non gaudet.
Itaque pellem inflat natosque interrogat:
5 »Egone nunc tam magna sum quam bos?«
Nati negant.
Rana iterum pellem inflat, iterum natos interrogat:
»Nonne videtis me nunc tam magnam esse quam bovem?«
Nati rident:
10 »Nonne scis boves semper maiores esse quam ranas?«
Tum rana valde irata est
pellemque inflat et inflat et inflat.
Subito bos natos ranae maxime clamare audit:
Pellis ranae rupta est …

rāna, ae *f.*: Frosch
prātum, ī *n.*: Wiese
nātus, ī *m.*: Kind
bōs, bovis *m.*: Ochse

pellis, is *f.*: Haut
īnflāre, īnflō: aufblasen
interrogāre, interrogō: fragen
quam: wie; *nach Komparativ:* als
negāre, negō: verneinen
iterum *Adv.*: wieder

rīdēre, rīdeō: lachen
māior, māiōris: größer

ruptus, a, um: geplatzt

5.2 *Der Bademeister der Lieblingstherme unseres Senators Gnaeus Claudius macht seine Beobachtungen und denkt still vor sich hin ... Unterstreichen Sie jeweils den aci und wählen Sie dabei für Subjekts- bzw. Objektsakkusative unterschiedliche Farben; übersetzen Sie.*

Syrus Gnaeum Claudium thermas intrare videt.
Gnaeum non semper rei publicae consulere gaudet.
Syrus rem publicam in periculo esse scit.
Nunc Gnaeus nihil agere amat.
5 Syrus servum res Gnaei custodire,
Gnaeum palaestram intrare,
amicos quaerere, sed non invenire videt.
Gnaeo clamorem non placere scit;
Gnaeum in caldarium properare videt.
10 Sed nunc Philodemum intrare videt;
videt senatorem in laconicum fugere,
postea in piscina natare.
Gnaeum diem carpere valde gaudet.

thermae, ārum *f.*: Thermen
in perīculō: in Gefahr
palaestra, ae *f.*: Sporthalle
caldārium, ī *n.*: Warmbecken
lacōnicum, ī *n.*: Sauna
piscīna, ae *f.*: Schwimmbecken
natāre: schwimmen
carpere, carpō: genießen

5.3 *Sie freuen sich auf einen schönen Thermenbesuch in einer echt römischen Therme, bezahlen das Eintrittsgeld, legen Ihre Kleider ab. Da taucht Atticus auf und verlangt von Ihnen, dass Sie auch Ihre Lateinbücher abgeben sollen. Und nun wird Ihnen klar, dass Sie in eine der gefürchteten Grammatikthermen geraten sind. Da Sie das Eintrittsgeld aber nun einmal bezahlt haben, beschließen Sie, dazubleiben und den Durchgang durch die Therme auf sich zu nehmen.*

a) Sie beginnen in der *palaestra* mit leichtem Aufwärmen durch Konjugations- und Deklinationsübungen. Füllen Sie die freien Felder aus.

1. Pers. Sg.					
2. Pers. Sg.	fugis				
3. Pers. Sg.		quaerit			
1. Pers. Pl.			audimus		
2. Pers. Pl.					
3. Pers. Pl.					
Imperativ Sg.				i	
Imperativ Pl.					
Infinitiv					studere

Nom. Sg.					
Gen. Sg.				orationis bonae	
Dat. Sg.					
Akk. Sg.			rem novam		
Nom. Pl.					
Gen. Pl.		magnorum gaudiorum			
Dat. Pl.					
Akk. Pl.	servos aegrotos				dies

b) Davon schon recht erhitzt, wählen Sie das kühle *frigidarium*, wo es Ihnen aber sofort kalt den Rücken hinunterläuft; denn Atticus lässt Sie einige unangenehme Aufgaben lösen.

ba) Was für ein Pronomen ist *suus*? ______________________________

bb) Vervollständigen Sie den Satz »Nach wie lang, wie hoch, wie breit, wie tief steht

______________________________«.

bc) Wie heißt die semantische Funktion des Genitivs in dem Ausdruck *nemo senatorum*?

____

bd) Wie übersetzt man *esse* als Vollverb?____________________

be) Nach welchen Verben steht oft der aci?______________________________

____

bf) Welche semantische Funktion hat der Dativ in dem Sätzchen *Attico otium non est*?

____

c) Jetzt wird Ihnen die Fragerei zu dumm und Sie springen in einem unbeobachteten Moment mit lautem Klatschen in die *piscina*. Leider wird aus dem Kopfsprung eine Bauchlandung.

ca) Ein roter Bauch → Nennen Sie zehn lateinische Verben, die eine Bewegung bezeichnen.

___

___

cb) Nennen Sie vier Verben, die zum Wortfeld »laut oder leise sprechen, sagen« gehören.

___

cc) Nennen Sie drei Verben, die eine Gemütsbewegung ausdrücken.

___

d) Dieses Wasser wird Ihnen zu kalt und Sie gehen in die Sauna *(laconicum)*, wo Ihnen semantischer Dampf adverbialer Bestimmungen entgegenschlägt; ordnen Sie zu.

lateinischer Ausdruck	**semantische Funktion**
libenter	Zeit
sacpe	Zeit
hodie	Zeit
ibi	Zeit
ad mensam	Zeit
per vias	Zeit
apud villam	Ort
post noctem	Ort
semper	Ort
ubique	Ort
subito	Ort
valde	Art und Weise
multos dies	Art und Weise

Jetzt haben Sie sich aber eine feine *cena* verdient.

6

6.1 *Übersetzen Sie.*

In amphitheatro

Lucius et Aulus in amphitheatro sunt.
Ibi iam prima luce multi homines pugnas exspectant.
Primo gladiator cum leone pugnat.
Bestia magna cum ira virum adit, vulnerat, necat.
5 Turba gaudet.

Paulo post duo gladiatores in arenam veniunt.
Retiarius rete et fuscina, secutor gladio pugnat.

Retiarius secutorem rete capit.
Sed secutor se liberat et retiarium gladio vulnerat.
10 Lucius et Aulus multum sanguinem manare vident.
Tamen turba contenta non est:
»Neca! Necate!«
Gladiatores diu magna cum virtute pugnant.
Denique retiarius secutorem necat.
15 Turba valde gaudet
– et pugnas novas magna voce postulat.

Aulus: »Abeo. Vale, Sexte.«
Sextus: »Cur abire cupis?«
Aulus: »...«
20 Sextus: »Stultus es. Nonne gladiatores
homines malos esse scis? Sunt scelesti et parricidae.
Re vera morte sunt digni.«
Aulus: »Sunt tamen homines.«

amphitheātrum, ī *n.*: Amphitheater
prīmō *Adv.*: zuerst
leō, ōnis *m.*: Löwe
bēstia, ae *f.*: (wildes) Tier
īra, ae *f.*: Zorn
adīre, adeō: *erschließen Sie die Bedeutung aus* ad + īre
vulnerāre, vulnerō: verwunden
duo: zwei
arēna, ae *f.*: Arena
rētiārius, ī *m.*: Netzkämpfer
rēte, is *n.*: Netz
fuscina, ae *f.*: Dreizack
secūtor, ōris *m.*: »Nachsetzer«
sē līberāre, līberō: sich befreien
sanguis, sanguinis *m.*: Blut
mānāre, mānō: fließen
virtūs, virtūtis *f.*: Tapferkeit
dēnique *Adv.*: schließlich
postulāre, postulō: fordern
abīre, abeō: fort-, weggehen
stultus, a, um: dumm
malus, a, um: schlecht
scelestus, ī *m.*: Verbrecher
parricīdae *Nom. Pl. m.*: Mörder
morte dīgnus, a, um: des Todes würdig

6.2 *Setzen Sie die Ablative in den passenden Satz ein und übersetzen Sie.*

Duris laboribus – prima luce – verbis iratis – magno cum gaudio – clamore vicinorum – nocte – in insula – de victoria – cum uxoribus – gladiis – magno terrore – in amphitheatro Pompeianorum – magna voce.

amphitheātrum, ī *n.*: Amphitheater – **Pompēiānī**, ōrum *m.*: Pompejaner *(Einwohner von Pompeji)*

a) ________________ Marcus discipulus scholam intrat.

b) Atticus Quintum vituperat et ________________ clamat.

c) Cornelius dominus et Iulia uxor amicos ad cenam invitant. Cuncti amici ________________ adveniunt.

d) ________________ Cornelius et Iulia amicos salutant.

e) Davus servus dormit; ________________ fessus est.

f) Titus Iulius vilico Davum servum monstrat; vilicum ________________ vituperat, Davum ________________ afficit.

g) Marcus et Iulia ________________ ________________ dormire non possunt.

h) ________________ carri materiam per vias vehunt.

i) ________________ spectatores ________________ ________________ pugnant.

schola, ae *f.*: Schule – **māteria**, ae *f.*: Baumaterial – **īnsula**, ae *f.*: Wohnblock – **spectātor**, ōris *m.*: Zuschauer

6.3 *Schreiben Sie die Anfangsbuchstaben aller Wörter, die Ablativformen sein können, hintereinander auf. Es ergibt sich der Name einer alten römischen Stadt.*

Hodie – itaque – sede – fave – sine – terrore – sume – afficere – uxore – do – laudo – subito – servo – consulo – video – cena – ama – vigila – fave – urbe – de – Alumne – bene – luce – lude – postridie – uxore – ago – teneo – recito – magistro – nemo.

____

6.4 *Die Kleinen sind oft die Schwierigsten. Ordnen Sie folgende Zwei-Buchstaben-Wörter ihren deutschen Bedeutungen zu.*

re	du
is	ich gehe
tu	ich gebe
do	du gehst
in	mich
de	gib
ad	von (herab)/über
da	zu, an, bei
me	in/auf; in ... hinein/nach
eo	durch die Sache
et	und

6.5 *Ergänzen Sie auf Deutsch, was Aulus in Z. 19 des Textes 6.1 zu Sextus gesagt haben könnte.*

____

____

7

7.1 *Übersetzen Sie.*

De Narcisso

Echo nympha Narcissum, iuvenem formosum, valde amat.
Eum, cum per campos ambulat,
saepe vocat, saepe adire studet.
Is autem, cum Echo eum tangere cupit, in fugam se dat.
5 Itaque nympha irata deos orat:
Narcissus, si ipse amat, ne exaudiatur.

Aliquando iuvenis ad fontem venit
et imaginem suam in aqua videt.
Nescit autem eam imaginem se ipsum esse,
10 nescit se sibi ipsi placere,
sed gaudet se imaginem viri tam formosi spectare.
Subito magno amore commotus
eum adire et oscula ei dare temptat,
sed frustra: Imago eius in aqua se turbat.
15 Narcissus iterum imaginem adire studet,
iterum eam tangere non potest.
Iuvenis miser flet, orat, sperat.
Nunc semper ad fontem manere cupit,
nam oculos ab imagine non iam flectere potest.

20 Multis diebus post nimio amore e vita cedit –
et homines pro eo florem – narcissum – inveniunt.

Narcissus, ī *m.*: *Eigenname*
Ēchō *f.*: Eigenname
nympha, ae *f.*: Nymphe *(Naturgottheit)*
iuvenis, iuvenis *m.*: junger Mann
fōrmōsus, a, um: schön

deus, ī *m.*: Gott
ipse *m.*: selbst; *Dat.*: ipsī; *Akk.*: ipsum
nē exaudiātur: er soll nicht erhört werden

aliquandō *Adv.*: einmal
fōns, fontis *m.*: Quelle
imāgō, imāginis *f.*: Bild
aqua, ae *f.*: Wasser
nescīre, nesciō: nicht wissen

amor, amōris *m.*: Liebe
commōtus, a, um: bewegt, ergriffen
ōsculum, ī *n.*: Kuss
sē turbāre, turbō: sich trüben

iterum *Adv.*: wiederum, erneut

spērāre, spērō: hoffen

nimius, a, um: zu groß
prō *m. Abl.*: anstelle von
flōs, flōris *m.*: Blume
narcissus, ī . *m.*: Narzisse

7.2 *Ersetzen Sie die kursiv gedruckten Wörter durch Formen von is, ea, id.*

a) Res publica in periculo est: Pars plebis *rem publicam* evertere temptat. Multos dies consules senatoresque de *re publica* deliberant. ________________

b) Hodie Gnaeus Claudius senator thermas intrat; interdum enim nihil agere amat. Servus vestes *Gnaei* custodit. ________

c) Claudius palaestram intrat. Senatores, amici *Gnaei*, hodie absunt. Tamen *amicos* saepe thermas visitare scit. ________________

d) *Gnaeo* clamor non placet. Itaque in caldarium properat. Sed ibi Philodemus *Gnaeum* salutat et de multis rebus disputare cupit. ________________

e) Senator in tepidarium properat, cum servos suos videt. *Servi* subito fugiunt. ________

in perīculō: in Gefahr – **ēvertere**, ēvertō: umstürzen – **thermae**, ārum *f.*: Thermen – **palaestra**, ae *f.*: Sporthalle – **caldārium**, ī *n.*: warmer Raum mit Warmwasserbecken – **tepidārium**, ī *n.*: lauwarmer Raum

7.3

Substantivierte Adjektive und Pronomina können oft nicht wörtlich übersetzt werden, meist empfiehlt sich eine freie Wiedergabe. Ordnen Sie zu.

magna	diese Leute
miseri	erschöpfte Menschen
pauca	Neuigkeiten
nova	die Guten
multa	diese Dinge
nonnulli	führende Leute
aegroti	Kleinigkeiten
prima	Kranke
vera	viele Leute
ea	alle Dinge
ii	arme Wichte
multi	nur wenige Sachen
boni	einige Leute
alia	andere Dinge
fessi	die wahren Dinge
dura	harte Situationen
cuncta	viele Dinge
parva	Bedeutendes
primi	das Wichtigste

7.4 *Wenn Sie einmal ein Wort im Lexikon nachschlagen müssen, so finden Sie die Substantive immer nur im Nominativ Singular, die Verben nur in der 1. Person Singular Präsens. Unter welcher Form müssen Sie also folgende Wörter nachschlagen?*

commovemus: ________________; abes: ________________; exi: ________________;

regnis: ________________; diebus: ________________; denti: ________________;

solem: ________________; umbras: ________________; pede: ________________;

locis: ________________; re: ________________; vocis: ________________;

vocas: ________________; lucis: ________________; pugnas (2): ________________;

________________; signa: ________________; fugam: ________________;

fugis: ________________; orationes: ________________; gaudes: ________________;

consulis (2): ________________; ________________; salutem: ________________;

salutant: ________________; opprimunt: ________________; magistri: ________________;

portis: ________________; portas (2): ________________; ________________;

dominis (2): ________________; ________________; advenimus: ________________;

erroris: ________________.

8

8.1 *Übersetzen Sie.*

De Nioba

Tantalo,
qui, ut scimus,
in regno umbrarum magnis doloribus laborare debet,
filia nomine Niobae est.
5 Quae uxor est Amphionis, regis Thebanorum,
cui septem filios septemque filias peperit.

Nioba, ae *m.: Eigenname*

Tantalus, ī *m.: Sohn Jupiters, König in Lydien (Kleinasien)*
ut: wie

Amphīō, Amphīōnis *m.: Eigenname*
rēx, rēgis *m.*: König
Thēbānus, ī *m. bzw.* a, um: Thebaner *(Einwohner von Theben; Theben: Stadt in Böotien)*; thebanisch
septem: sieben
peperit: sie hat geboren

Aliquando Thebanae Latonae deae,
matri Apollinis et Dianae, immolant,
cum Nioba,
10 quae putat se eis honoribus dignam esse,
appropinquat et magna voce clamat:
»Thebanae, cur deam,
cui tantum unus filius unaque filia est, adoratis?
Nonne videtis
15 me eam numero filiorum filiarumque longe superare?«
Quae verba Latonam valde laedunt,
itaque Apollinem adit et auxilium ab eo petit.
Paulo post Apollo filios Niobae,
qui per campos equitant, ludunt, rident,
20 sagittis necat.

aliquandō *Adv.*: einmal
Lātōna, ae *f.*: *Eigenname*
māter, mātris *f.*: Mutter
Apollō, Apollinis *m.*: *Gott der Wissenschaften und Künste*
Diāna, ae *f.*: *Göttin der Jagd*
immolāre, immolō: opfern
honōribus dīgnus, a, um: der Ehren würdig
tantum *Adv.*: nur
ūnus, a, um: ein, einzig
numerus, ī *m.*: Zahl
longē *Adv.*: bei weitem
auxilium petere, petō: Hilfe erbitten
equitāre, equitō: reiten
sagitta, ae *f.*: Pfeil

Nioba multis cum lacrimis corpora filiorum spectat,
tamen superbia eius nondum victa est.
»Filii mei mortui sunt,
sed mihi adhuc septem filiae manent;
25 Latonam, quam Thebanae tam libenter adorant,
numero filiarum adhuc longe supero!«
Tum Diana iussu Latonae matris etiam filias,
dum fratres mortuos deflent,
sagittis necat.

superbia, ae *f.*: Stolz, Hochmut
nōndum *Adv.*: noch nicht
victus, a, um: besiegt
mortuus, a, um: tot
adhūc *Adv.*: noch immer
iussū: auf Befehl
frāter, frātris *m.*: Bruder
dēflēre, dēfleō: beweinen

8.2 *Nur nicht verwirren lassen! Welche Übersetzungen sind richtig? Die Buchstaben vor den richtigen Übersetzungen ergeben – in die richtige Reihenfolge gesetzt – den Namen einer römischen Göttin.*

ea, quae	A) die, die B) der, dessen C) das, dem D) durch das, was
eum, quem	E) dessen, wem F) den, den G) das, was H) die, die I) dessen, der

ei, cui	J) die, die K) der, die L) dem, dem M) dessen, dem
id, quod	N) dem, der O) das, was P) die, die Q) der, dem
ii, qui	R) die, die S) dem, der T) das, was

____

8.3 *»Hymne« auf den Ablativ. Übersetzen Sie die Sätze und geben Sie die semantischen Funktionen der Ablative an.*

Tu, ablative, o ablative!

a) Ablative, qui cunctos casus potentia superas,

b) ablative, cuius nomen discipulos magno terrore afficit,

c) ablative, cui nemo magno cum gaudio studet,

d) ablative, quem nemo diebus aut noctibus videre cupit,

e) ablative, quocum vitam duram agimus,

f) ablative, libera nos a laboribus tuis.

cāsūs *Akk.Pl.m.*: Kasus, Fall

8.4 *Setzen Sie die passenden Personalpronomina in folgende Sätze ein.*

a) ________ laborare debeo, et quid ________ facis?

b) Nonne ________ adesse potes? Num tempus ________ non est?

c) Quid ________ terrore afficit?

d) Consiliumne _______ dare potes? Magnis doloribus laboro.

e) Pater vester _______ adiuvat, sed pater noster _______ adesse non potest.

f) _______ beatus sum, nonne _______ curis liber es?

g) Semper cenae vestrae intersumus. Hodie _______ _______ ad cenam invitamus.

facere, faciō: machen, tun – **cūra**, ae *f.*: Sorge

9

9.1 *Übersetzen Sie.*

Das Paris-Urteil

Paridem pastorem,
qui in montibus Troiae greges regis custodiebat,
Mercurius, nuntius deorum, adiit interrogavitque:

»Iamne scis Iunoni, Minervae,
5 Veneri deis controversiam fuisse et esse?
Tu, ut deo maximo placuit, arbiter esto:
Quis dearum pulcherrima est?
Da hoc pomum aureum, quod mecum portavi, deae,
quam pulcherrimam putas.«

Paris, idis *m.*: *trojanischer Prinz*
Trōia, ae *f.*: *Stadt in Kleinasien*
cūstōdiēbat: er hütete
Mercurius, ī *m.*: *Eigenname*
nūntius, ī *m.*: Bote
Iūnō, Iūnōnis *f.*: *Gemahlin des Iuppiter*
Minerva, ae *f.*: *Göttin der Wissenschaften und Künste*
Venus, Veneris *f.*: *Göttin der Liebe*
contrōversia, ae *f.*: Streit
arbiter, arbitrī *m.*: Schiedsrichter
estō: du sollst sein
hŏc *(Akk. Sg. n.)*: diesen
pōmum aureum, pōmī aureī *n.*: goldener Apfel

10 Deae, quae cum Mercurio fuerunt, appropinquaverunt.
Tum Iuno: »Nonne potentiam amas?
Da mihi pomum
et tibi regnum orbis terrarum futurum est!«

Deinde Minerva dixit:
15 »Regnum tenere – id, quod Iuno tibi promisit –
molestum est:
Semper hostes timere debes.
Ego autem tibi victoriam et gloriam aeternam promitto,
da igitur mihi pomum aureum!«

deinde *Adv.*: darauf(hin)
molestus, a, um: beschwerlich
hostis, is *m.*: Feind
glōria, ae *f.*: Ruhm
aeternus, a, um: ewig
igitur: also

20 Tum autem Venus: »Nonne novisti
regnum aut gloriam homines numquam beatos,
sed semper solos reddidisse?
Ego dea amoris sum,
ego mulierem pulcherrimam orbis terrarum tibi promitto.«
25 Statim Venus a Paride pomum aureum accepit.

Paulo post Paris Spartam abiit:
Helenam spectavit, audivit, amavit, Troiam abduxit …

sōlus, a, um: einsam
reddere, reddō, reddidī *m. doppeltem Akk.*: *zu etw.* machen

statim *Adv.*: sofort

Sparta, ae *f.*: *Stadt in Griechenland*

Helena, ae *f.*: *Königin von Sparta*

9.2 *Füllen Sie die freien Kästchen aus.*

1. Pers. Sg.							accepi
2. Pers. Sg.						interrogavisti	
3. Pers. Sg.					placuit		
1. Pers. Pl.				abduximus			
2. Pers. Pl.			existis				
3. Pers. Pl.		potuerunt					
Inf. der Vorzeitigk.	novisse						

9.3 *Welche Aussagen passen zu welcher Person? Ordnen Sie zu (auf manche treffen mehrere Aussagen zu).*

Menelaus	cum Dite regnum umbrarum tenuit
Paris	Helenae multa de Paride hospite narravit
Helena	domina mundi fuit
Aethra	valdc iratus fuit
Hera	Spartae hospes Menelai fuit
Proserpina	filius regis Troianorum fuit
Dis	Helenam amavit
	Paridem amavit
	mulier pulcherrima fuit
	rex umbrarum fuit
	Helenae vitam laetam et a curis liberam exposuit
	Helenam Troiam abduxit

9.4 *Woher? Wo? Wohin? Von a bis z. Übersetzen Sie.*

a) in scholam ire b) in schola esse c) e schola fugere d) in villam properare e) e villa cedere f) in Colosseo manere g) Spartae manere h) Roma abire i) Troiam abducere j) Troia exire k) Corinthi esse l) Italia abire m) tota urbe n) alio loco o) in Africa pugnare p) ad cenam dimittere q) Romae dormire r) carrum ad vicinum vehere s) discipulum ad magistrum vocare t) ad mensam stare u) ex Africa venire v) Romam redire w) Corintho redire x) Spartae vitam duram agere y) Spartam abire z) Corintho venire.

schola, ae *f.*: Schule – **Colossēum**, ī *n.*: Kolosseum *(Amphitheater in Rom)* – **Sparta**, ae *f.*: *Stadt in Griechenland* – **Rōma**, ae *f.*: Rom – **Trōia**, ae *f.*: *Stadt in Kleinasien* – **Corinthus**, ī *f.*: Korinth – **Italia**, ae *f.*: Italien – **Āfrica**, ae *f.*: Afrika

10

10.1 *Übersetzen Sie.*

Prometheus

Prometheus (Promētheus, Prometheī *m.*) *gehörte zum Geschlecht der Titanen, der früheren Götter, die von Zeus und seinen Geschwistern entthront wurden.*

Prometheus, postquam caelum terraque creata sunt,
multas bestias in terra esse vidit,
deesse autem animal, in quo animus habitare poterat.
Itaque terra aquaque formavit animal
5 secundum deorum imaginem.
Cui virtutes vitiaque, quae ex aliis bestiis sumpserat, dedit.
Minerva ei addidit animum, animum deorum.

postquam … creāta sunt: nachdem … erschaffen worden waren
bēstia, ae *f.*: (wildes) Tier
animal, lis *n.*: Lebewesen
habitāre, habitō: wohnen
fōrmāre, fōrmō: bilden, erschaffen
secundum *m. Akk.*: gemäß, nach
imāgō, imāginis *f.*: Bild
vitium, ī *n.*: Fehler, Laster
sūmpserat: er hatte genommen
Minerva: *Göttin der Wissenschaften und Künste*

Ii autem homines ea,
quae vitae bonae humanaeque utilitati sunt,
10 parare non poterant.
Deerat enim iis ignis,
quem Iuppiter animalibus novis negabat.
Sed Prometheus ignem clam in terram apportavit
et hominibus dono dedit.
15 Itaque deis magno odio fuit.

hūmānus, a, um: menschenwürdig
ūtilitās, ūtilitātis *f.*: Nutzen

īgnis, is *m.*: Feuer
Iuppiter, Iovis *m.*: *höchster Gott der Römer*
negāre, negō: verweigern
clam *Adv.*: heimlich

Iovis autem iussu Vulcanus Prometheum in Caucasum traxit
et catenis ad montem deligavit.
Ibi semper aquila partem eius iecoris comedebat,
sed semper ea pars se restituebat.
20 Prometheus autem dolores magna cum virtute ferebat,
quod se hominibus magnum donum dedisse credebat.

iussū: auf Befehl
Vulcānus, ī *m.*: *Gott des Feuers und der Schmiedekunst*
Caucasus, ī *m.*: *Gebirge in Asien*
catēna, ae *f.*: Kette
dēligāre, dēligō: schmieden
aquila, ae *f.*: Adler
iecur, iecoris *n.* Leber
comedere, comedō: fressen
restituere, restituō: erneuern
ferēbat: er ertrug

Tandem, multis annis post, Hercules Prometheum liberavit.

Herculēs, is *m.*: *griech. Halbgott*

10.2 *Führen Sie folgende Wörter auf ihre lexikalische Form (1. Pers. Sg. Präs. bzw. Nom. Sg.) zurück.*

ignorabamus	______________	mulieribus	______________
convenerunt	______________	capita	______________
desiisti	______________	sta	______________
dolo	______________	prodebamus	______________
robore	______________	exierunt	______________
intereram	______________	flete	______________
grege	______________	laedebatis	______________
orbi	______________	terrorem	______________
hospitem	______________	aberant	______________
promisimus	______________	capiebam	______________
credidistis	______________	spebus	______________
circumiebam	______________	plebi	______________
placuit	______________	age	______________

10.3 *a) Übersetzen Sie.*

Quid mihi gaudio est? Quid mihi odio est?
Legere mihi gaudio est. Etiam scribere mihi gaudio est. Cena bona mihi magno gaudio est. At vestes emere mihi magno odio est.

b) Quid tibi gaudio aut odio est? Geben Sie mindestens fünf Antworten auf Lateinisch.

____

____

____

____

____

10.4 *Trojaquiz auf Lateinisch: Wenn Sie die Buchstaben der richtigen Lösungen in die richtige Reihenfolge bringen, ergibt sich der Name einer berühmten Person des trojanischen Sagenkreises (manchmal sind auch zwei Antworten richtig).*

Is vir dolum callidum invenit: equum Troianum.	A) Ulixes B) Idomeneus C) Menelaus
Paris eam pulcherrimam putavit.	D) Iunonem E) Helenam F) Minervam
Nomen magni regis	G) Agamemnon H) Homerus I) Achilles
Graeci Troiam oppugnabant	J) III annos K) IV annos L) VI annos M) X annos
Ulixes domum navigabat	N) X annos O) XX annos P) V annos
Nomen eius, qui Troiam multis saeculis post effodit	A) Heinrich Schliemann B) Sir Arthur Evans C) Vandenhoeck & Ruprecht D) Manfred Korfmann E) Frank Kolb F) Nationalmuseum Neapel
Aeneas Italiam venit et ibi condidit	G) Mediolanum H) Syracusas I) Tarentum J) Brundisium K) Neapolim L) Agrigentum M) Lavinium
Mater Aeneae est	N) Venus dea O) Aphrodite dea P) Iuno dea

⟶

Vokabeln zu 10.4, Seite 33

Trōiānus, ī *m.*: Trojaner – **Paris**, idis *m.*: *trojanischer Prinz* – **Graecī**, ōrum *m.*: Griechen – **Trōia**, ae *f.*: *Stadt in Kleinasien* – **Ulixēs**, is *m.*: Odysseus – **nāvigāre**: mit dem Schiff fahren – **saeculum**, ī *n.*: Jahrhundert – **effodere**, effodiō, effōdī: ausgraben – **Aenēās**, ae *m.*: *trojanischer Königssohn, Stammvater der Römer* – **Italia**, ae *f.*: Italien – **condere**, condō, condidī: gründen – **māter**, tris *f.*: Mutter – **Iūnō**, Iūnōnis *f.*: *Gemahlin des Iuppiter* – **Helena**, ae *f.*: *Königin von Sparta* – **Minerva**, ae *f.*: *Göttin der Wissenschaften und Künste* – **Mediōlānum**, ī *n.*: Mailand – **Syrācūsae**, ārum *f.*: Syrakus – **Tarentum**, ī *n.*: Tarent – **Brundisium**, ī *n.*: Brindisi – **Neāpolis**, is *f.*: Neapel – **Agrigentum**, ī *n.*: Agrigent – **Lāvīnium**, ī *n.*: *Stadt in Latium*

11

11.1 *Übersetzen Sie.*

Laocoon

Quamquam Graeci Troiam decem iam annos oppugnabant,
urbem expugnare non poterant.
Tandem Ulixes cum manu Graecorum
equum ligneum aedificavit,
5 in quo se cum paucis sociis occultavit.
Tum exercitus Graeci ab ora Troiae abierunt
et in insulam non longe a Troia sitam se receperunt,
equum autem ante urbem reliquerunt.
Reliquerunt etiam quendam Sinonem …

10 Ubi primum Troiani viderunt hostes abisse,
Sinonem de ea re interrogaverunt.
Qui, ut Ulixes ei mandaverat, narravit
Graecos domum navigavisse
illumque equum Minervae dono dedisse,
15 ut ventis bonis in patriam redirent.

Quamquam Laocoon dicebat:
»Incendite equum, si Troiam ab interitu servare cupitis.
Timeo enim Graecos, etiam si dona portant«,
Troiani tamen verbis sacerdotis non parebant.

Laocoōn, Laocoontis *m.*: *trojanischer Priester*
Graecī, ōrum *m.*: Griechen
Trōia, ae *f.*: *Stadt in Kleinasien*
Ulixēs, is *m.*: Odysseus
līgneus, a, um: hölzern
occultāre, occultō: verbergen
īnsula, ae *f.*: Insel
longē *Adv.*: weit
situs, a, um: gelegen
sē recipere, recipiō, recēpī: sich zurückziehen
quendam *Akk. Sg. m.*: einen gewissen
Sinōn, Sinōnis *m.*: *Name eines Griechen*
Trōiānus, ī *m.*: Trojaner
hostis, is *m.*: Feind
mandāverat: er hatte aufgetragen
nāvigāre, nāvigō: *mit dem Schiff* fahren
illum: *Akk. Sg. m. von* ille: jener
Minerva: *Göttin der Wissenschaften und Künste*
ut … redīrent: damit sie … zurückkehrten
ventus, ī *m.*: Wind
servāre, servō: retten, bewahren
sacerdōs, sacerdōtis *m.*: Priester

20 Et cum subito magnus anguis e fluctibus apparuit
et Laocoontem filiosque eius necavit,
id omen Troianos tanto metu deorum affecit,
ut non iam dubitarent
equum in urbem suam trahere.

anguis, anguis *m.*: Schlange
apparēre, appareō: auftauchen

omen, ōminis *n.*: (böses) Vorzeichen
affēcit: *Perf. zu* afficere
ut dubitārent: dass sie zögerten

25 Troiani postquam totam noctem
victoriam Graecorum multo vino celebraverunt
somnoque se dederunt,
Ulixes et socii eius ex equo exierunt
urbemque expugnaverunt et incenderunt.

11.2 *Die Vielfalt der Deklinationen ist oft verwirrend; das Wichtigste ist es, die Endungen deuten zu können.*

a) Die Endung -us deutet auf

___- Deklination, _______________ (Kasus/Numerus), z.B. dominus, servus, amicus;

aber es kann sich auch handeln um:

___- Deklination, _______________ (Kasus/Numerus), z.B. tempus, vulnus, corpus;

oder es kann sich handeln um:

___- Deklination, _______________ (Kasus/Numerus), z.B. metus, manus, risus.

b) Die Endung -a deutet auf

___- Deklination, _______________ (Kasus/Numerus), z.B. domina, serva, amica;

aber es kann sich auch handeln um:

___- Deklination, _______________ (Kasus/Numerus), z.B. verba, vina, pericula;

oder es kann sich handeln um:

___- Deklination, _______________ (Kasus/Numerus), z.B. tempora, vulnera, corpora.

c) Die Endung -e deutet auf

___- Deklination, _______________ (Kasus/Numerus), z.B. labore, gladiatore, terrore;

aber es kann sich auch handeln um:

___- Deklination, _______________ (Kasus/Numerus), z.B. re, die, spe;

oder es kann sich handeln um:

___- Deklination, _______________ (Kasus/Numerus), z.B. domine, serve, amice.

d) Die Endung -ibus deutet auf

___- Deklination, _______________ (Kasus/Numerus), z.B. laboribus, vulneribus, gladiatoribus;

aber es kann sich auch handeln um:

___- Deklination, _______________ (Kasus/Numerus), z.B. fluctibus, metibus, manibus.

e) Die Endung -u deutet auf

___- Deklination, _______________ (Kasus/Numerus), z.B. metu, fluctu, manu.

f) Die Endung -i deutet auf

___- Deklination, _______________ (Kasus/Numerus), z.B. domini, servi, amici,;

aber es kann sich auch handeln um:

___- Deklination, _______________ (Kasus/Numerus), z.B. terrori, vulneri, labori.

g) Die Endung –o deutet auf

___- Deklination, _______________ (Kasus/Numerus), z.B. domino, amico, servo.

h) Die Endung –is deutet auf

___- Deklination, _______________ (Kasus/Numerus), z.B. dominis, servis, amicis;

aber es kann sich auch handeln um:

___- Deklination, _______________ (Kasus/Numerus), z.B. laboris, vulneris, terroris.

i) Die Endung -um deutet auf

___- Deklination, _______________ (Kasus/Numerus), z.B. dominum, servum, amicum;

aber es kann sich auch handeln um:

___- Deklination, _______________ (Kasus/Numerus), z.B. tectum, vinum, periculum;

oder es handelt sich um

___- Deklination, _______________ (Kasus/Numerus), z.B. laborum, vulnerum, terrorum.

11.3 *Ordnen Sie die Buchstaben für die (steil gedruckten) Ausdrücke bzw. Gliedsätze in die Tabelle ein.*

a) quamquam Aeneas maestus erat – b) si id verum est – c) decimo anno *vir dolum invenit* – d) *tu mihi* odio *es* – e) quamquam vita Spartae dura est – f) ut dicunt – g) usque ad noctem – h) numquam – i) *Nucerini,* quod valde irati sunt, *lapides sumunt* – j) eo tempore – k) postquam Aeneas Carthaginem reliquit – l) *Nucerini* verbis Pompeianorum *irati sunt* – m) post interitum Troiae – n) postquam Troiani multa pericula virtute superaverunt – o) ubi primum Dido de interitu Troiae audivit.

Aenēās, ae *m.*: *trojanischer Königssohn, Stammvater der Römer* – **Sparta**, ae *f.*: *Stadt in Griechenland* – **Nūcerīnī**, ōrum *m.*: Nuceriner *(Einwohner von Nūceria)* – **lapis**, idis *m.*: Stein – **Carthāgō**, inis *f.*: *Stadt in Nordafrika* – **Pompēiānī**, ōrum *m.*: Pompejaner *(Einwohner von Pompeji)* – **Trōia**, ae *f.*: *Stadt in Kleinasien* – **Trōiānus**, ī *m.*: Trojaner – **Dīdō**, ōnis *f.*: *Gründerin und Königin von Karthago*

Semantische Funktionen

temporal	kausal	konzessiv	konditional	komparativ	final

11.4 *Lesen Sie noch einmal die Informationstexte im Buch S. 30–31 und S. 83–85; erläutern Sie folgende Skizze zum Klientelwesen.*

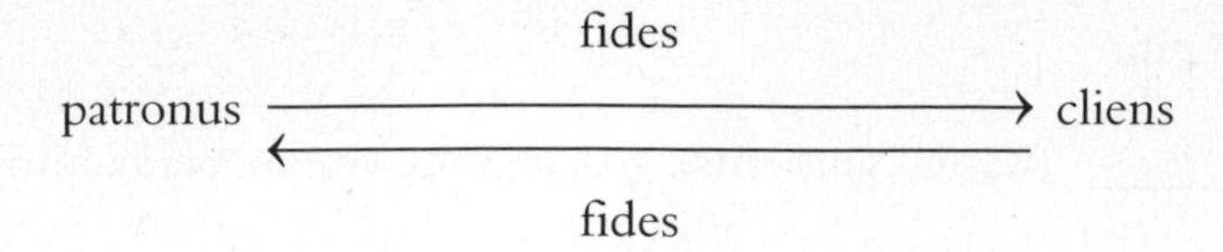

Worin äußert sich die *fides*, die der *patronus* dem Freigelassenen zu erweisen hat? Wie hat der Freigelassene seinem *patronus fides* zu erweisen? Beantworten Sie die Frage auch für das Treueverhältnis zwischen besiegten Völkern und dem römischen Sieger.

12

12.1 *Übersetzen Sie.*

Lucretia

Die Geschichte spielt zur Regierungszeit des siebten römischen Königs, Tarquinius Superbus (Tarquinius der Hochmütige).

Aliquando inter iuvenes regios, dum apud amicum cenant,
controversia de uxoribus eorum orta est: »Cui est optima?«
Cuncti uxores suas valde laudabant.
Tandem Lucius Tarquinius dixit: »Brevi scire potestis
5 Lucretiam meam uxores vestras longe superare.
Domum igitur abite et videte, quid mulieres agant!«
Iuvenes regii, ut Lucius iusserat, statim domum abierunt –
et viderunt, quod ille eis praedixerat.
Dum uxores ceterorum in convivio sunt,
10 Lucretia, uxor Lucii, quae usque ad noctem laboraverat,
domi sedebat et cum servis vestem texebat.
Itaque iuvenes regii consenserunt
illam virtutibus suis ceteras uxores superavisse.

Sextus Tarquinius, unus ex iuvenibus regiis,
15 qui illi controversiae interfuerat,

Lucrētia, ae *f.*: *Eigenname*
iuvenis rēgius, iuvenis rēgiī *m.*: königlicher Prinz
orta est: brach aus
cui?: *Dat. von* quis?
optimus, a, um: bester
Lūcius Tarquinius, Lūciī Tarquiniī *m.*: *Eigenname*
brevī *Adv.*: in Kürze
longē *Adv.*: bei weitem
agant: sie tun
statim *Adv.*: sofort
praedīcere, praedīcō, praedīxī: *erschließen Sie die Bedeutung aus* prae + dīcere
cēterī, cēterae, cētera *Pl.*: die Übrigen, die anderen
convīvium, ī *n.*: Gastmahl, Gelage
texere, texō: weben

Sextus Tarquinius, Sextī Tarquiniī *m.*: *Eigenname*

paucis diebus post in domum Lucretiae rediit,
quod Lucium, coniugem eius, abisse noverat.
Lucretia enim ei maxime placuerat
et secum illam cum uxore sua comparaverat:
20 »Haec vinum amat, illa laborem;
huic animus levis est, illi prudentia …«

Lucretia autem Sextum Tarquinium benigne accepit
et post cenam eum in hospitale cubiculum duxit.
Multa nocte, cum tota domus somno se dederat,
25 Sextus cum gladio cubiculum Lucretiae clam intravit,
amorem fassus est, oravit, minas addidit.
Tandem
– quod amorem eius iterum atque iterum denegaverat –
eam vi stupravit.

30 Quae postridie coniugem advocavit,
eum de isto stupro certiorem fecit
et ante oculos eius mortem sibi conscivit.

Romani, postquam audiverunt
flagitium Sexti Tarquinii causam esse mortis Lucretiae,
35 non solum eum,
sed etiam Tarquinium Superbum regem, patrem eius,
exilio affecerunt.

comparāre, comparō: vergleichen

levis *Nom. Sg. m.*: leichtfertig

benīgnē *Adv.*: freundlich
(hospitāle) cubiculum, (hospitālis) cubiculī *n.*: (Gast-)Zimmer
dūcere, dūcō, dūxī: führen
multus, a, um: *hier:* tief
clam *Adv.*: heimlich
fassus est: er gestand
minae, minārum *f.*: Drohungen

dēnegāre, dēnegō: zurückweisen

vī stuprāre, stuprō: vergewaltigen

advocāre, advocō: *erschließen Sie die Bedeutung aus* ad + vocāre
stuprum, ī *n.*: Vergewaltigung
certiōrem facere dē: informieren über
mortem sibi cōnscīvit: sie nahm sich das Leben

flāgitium, ī *n.*: Verbrechen

exilium, ī *n.*: Verbannung

12.2 *Verwandeln Sie.*

a) facio → Perfekt → 2. Person → Plusquamperfekt → Plural → Imperfekt → 3. Person → Singular → Präsens → 1. Person.

____

____

b) stringo → Plural → 3. Person → Imperfekt → Perfekt → 2. Person → Plusquamperfekt → 1. Person → Singular → Präsens.

____

____

c) incipio → 2. Person → Plusquamperfekt → Plural → Perfekt → 1. Person → Imperfekt → Präsens → Singular.

____

____

d) condo → 2. Person → 3. Person → Plural → Perfekt → Imperfekt → Plusquamperfekt → Präsens → Singular → 1. Person.

____

____

e) transeo → Plural → 2. Person → 3. Person → Imperfekt → Singular → 2. Person → 1. Person → Perfekt → 2. Person → 3. Person → Plural → Plusquamperfekt → 2. Person → 1. Person → Singular → Präsens.

____

____

____

12.3 *Überall Pronomina ... Übersetzen Sie.*

haec dicere – ille venit, hic abit – istum vituperare – amicus illius – amicus huius – amicus istius – iste hoc/haec fecit – iste mihi odio est – illud verum non est – mea facere – tua facere – sua facere – mei mihi adsunt – tui tibi adsunt – sui ei adsunt – hoc loco – illis temporibus (2) – hoc modo – his verbis (2) – illi, qui (2) – illa, quae (2).

12.4 *Verumne est? An falsum est?*

Fragen an die römische Geschichte: Kreuzen Sie an.

	verum est	falsum est
Das Wort »Faschist« kommt von *fasces*.		
Die letzten Könige Roms waren Etrusker.		
Nach Vertreibung der Könige richteten die Römer eine Demokratie ein.		
Karthago gehörte zu den stärksten außenpolitischen Gegnern Roms.		
Cicero und Seneca gehörten zu den wenigen Römern, die die Gladiatorenspiele tadelten.		
Spartakus führte 73 v. Chr. einen erfolgreichen Sklavenaufstand an.		
Kaiser Augustus regierte 27 v. Chr.–14 v. Chr.		
Die größte Ausdehnung erreichte das Römische Reich unter Kaiser Hadrian (98–117 n. Chr.).		
Es gab römische Handelsstützpunkte in Indien und Sri Lanka.		
Kaiser Konstantin verbot 312 n. Chr. das Christentum.		
Kaiser Theodosius verbot 392 n. Chr. alle heidnischen Kulte.		

13

13.1 *Übersetzen Sie.*

Menenius Agrippa

Olim res publica Romana
controversia civium magno in periculo erat.
Nam patriciis agri cuncti divitiaeque erant,
plebi autem, quae aere alieno vexabatur, spes nulla erat.
5 Itaque plebi Romam relinquere placuit.
Viri armati cum feminis liberisque
in monte proximo castra posuerunt.
Patricii, quod ea re valde terrebantur, consuluerunt:
»Maximo sumus in periculo,
10 nam urbem ipsam sine militibus plebeiis
neque administrari neque defendi posse scimus.«
Itaque patricii nonnullos senatores
in castra plebeiorum mitti iusserunt.
Unus ex iis, Menenius Agrippa, hanc fere fabulam narravit:

15 »Aliquando membra corporis laborare
et ventri cibum apportare desierunt:
›Iste venter labore nostro alitur,
semper bene vivit, numquam ipse laborat.
Si servi eius esse desinimus,
20 si ipse fame sitique vexatur,
venter laborare cogitur.‹
Ita egerunt. Sed mox robur totius corporis minuebatur.«

Tum Menenius »Nonne videtis, cives«, inquit,
»etiam nos Romanos, quasi unum corpus,
25 sine concordia cunctorum membrorum valere non posse?
Concordia civium fundamentum est rei publicae!«

Ea oratione plebs Romana commovetur
et Romam in urbem redit.

Menēnius Agrippa, Menēniī Agrippae *m.*: *Eigenname*

ōlim *Adv.*: einst

patricius, ī *m.*: Patrizier
dīvitiae, ārum *f.*: Reichtum
aes aliēnum, aeris aliēnī *n.*: Schulden
nūllus, a, um: kein
Rōma, ae *f.*: Rom
armātus, a, um: bewaffnet
proximus, a, um: (sehr) nahe
castra (pōnere, pōnō): ein Lager (aufschlagen)

plēbēius, ī *m. bzw.* a, um: Plebejer; plebejisch
administrāre, administrō: verwalten

ferē *Adv.*: etwa

membrum, ī *n.*: Glied
venter, ventris *m.*: Magen
alere, alō: ernähren

tōtius: *Gen. Sg. n. von* tōtus, a, um
minuere, minuō: schwächen

quasi *Adv.*: gleichsam, wie
concordia, ae *f.*: Eintracht
fundāmentum, ī *n.*: Grundlage

13.2

habuistis – habetur – delebam – inveniebantur – amaveratis – adoro – urgebaris – miserant – licet – perdebaris – erravi – permittebatur – eligimini – consentire – recitatur – amaris – mittimus – cupiebamus – colitur – interrogabar – petiveramus – leguntur – habitaveratis – trahebamur – redistis – erratur – admiserunt – ignoraveram – scribebamus – educabantur – timueras – rapuerant – rapiebamini – eligimus – nescis – urseramus – scribitur – emo – occiderat.

urgēre, urgeō, ursī: drängen

Wenn Sie die Anfangsbuchstaben aller Imperfekt-Passiv-Formen hintereinander schreiben, erhalten Sie den Namen eines Gottes:

____

Wenn Sie dasselbe mit allen Präsens-Passiv-Formen tun, den Namen eines Halbgottes:

____

Wenn Sie dasselbe mit allen Perfekt-Aktiv-Formen tun, den Namen einer Göttin:

____

Wenn Sie dasselbe mit allen Präsens-Aktiv-Formen tun, den Namen einer Sterblichen:

____

Wenn Sie dasselbe mit allen Plusquamperfekt-Formen tun, den Namen eines Sterblichen:

____

Und wenn Sie dann die ganze Sippschaft zusammen haben, lesen Sie die bemerkenswerte Geschichte der fünf in einem mythologischen Lexikon nach. (Vorsicht: Zum Teil wurden die griechischen, zum Teil die römischen Namen gewählt.)

13.3

In den Lektionstext hat eine dicke Ratte einige Löcher gefressen. Ergänzen Sie den Text und vergleichen Sie ihn danach mit dem Lektionstext.

Lucius: *(intrat)* Camilla! Bovem vendere deb__________ovem vendere cog__________.

Camilla: Esne vesanus? Quo modo agrum aremus?

Lucius: Nescio – sed pecuniam Aulo reddi neces__________t. Ira Auli terr__________.

Camilla: Aulus patricius in urb____________tat. Numquam ipse sedem ______stram petivit. Nos ei curae non sum_____.

Lucius: Patricii avari sunt. Cuncti agri huius ips_____ regionis a patri__________untur, agricolae ab iis parv________tio agros suos vend__________guntur. Patricii nos perd______!

Camilla: Non solum patricii ips___ sed etiam bell_____nos perdit.

Istud bellum causa miseriae nostrae est. Nonne beati fu__________? Sed subtito bel________uit. Consules civ_____in arma coegerunt. Tu miles er________me agri colebantur, a me liberi edu________tur, a me sitis et fam_________rum potione et cibo depe_______tur. In dies metu maiore ve______r. Tamen me res nostras sin________lio tuo servare posse putabam. At tempestas cuncta dele______. *(flet)*

Lucius: Quamquam vita mea crud_____________stium magno in periculo fuer_______, quamquam istud bellum non equ__________, sed nos pedites feliciter finiv___________, patria, quam nos ipsi servaveramus,________ non bene accepit. Gloria non magno constat. Frumentum, non gloria nobi________st.

Camilla: Et nunc …

Subito ostium aper_______. Camilla una cum Lu___________at: Marce! Ab Aulo mitt_________!

Marcus: Habetisne pecuniam ab_______o mutuam datam ?

Lucius: Hanc pecuniam hodie ti_________re possumus, alteram …

Marcus: Ab Aulo iterum iterumque ad___________ini. Num nunc solum partem pecu_______ei datis? Aulus cras te, Luci, in ius ducet.

Abit.

Lucius domo exit.

Camilla: *(vocat)* Num nunc bovem vend_____?

Lucius: Ad patrem tuum eo. A quo me non di______scio. Miseria ipsa et crudelitate Auli cog_______: Auxilium a patre tuo petam. Fortasse tuae salutis causa_________iuvabit.

13.4 *Sie kennen nun schon viele Begriffe aus der römischen Politik/Geschichte. Ordnen Sie zu.*

Patrizier	Familienoberhäupter aus dem Adelsstand
ab urbe condita	Feier für einen siegreichen Imperator
Kapitol	Amtssessel
Triumphzug	Schutzbefohlene eines *patronus*
Volkstribun *(tribunus plebis)*	einer der sieben Hügel mit dem Tempel des Iuppiter Optimus Maximus
Klienten	nicht adlige Masse
caput mundi	Volk (römischer Bürger)
patres	erblicher Adelsstand
Repetundenprozesse	Vertreter der Plebejer
plebs	Rom als politisches Zentrum der Welt
populus	Gerichtsverfahren, die gegen römische Beamte wegen Bestechlichkeit und Erpressung angestrengt wurden
sella curulis	seit Gründung der Stadt (753 v. Chr.): Mit diesem Jahr lassen die Römer ihre Zeitrechnung beginnen.

patricius, ī *m.*: Patrizier

14

14.1 *Übersetzen Sie.*

De Gaio Mucio Scaevola

Tarquinius Superbus rex, postquam cum suis exilio affectus est,
auxilium a Porsenna, rege Etruscorum, petivit.
Ille magnis copiis Romam oppugnabat,
sed urbem muris circumdatam expugnare non potuit.
5 Itaque Porsenna iussit

Gāius Mūcius Scaevola, Gāiī Mūciī Scaevolae *m.*: *Eigenname*
Tarquinius Superbus, Tarquiniī Superbī *m.*: *Eigenname*
Porsenna, ae *m.*: *Eigenname*
Etrūscī, ōrum *m. Pl.*: Etrusker *(Volk im Norden Roms)*
Rōma, ae *f.*: Rom
mūrus, ī *m.*: Mauer
circumdare, circumdō, circumdedī, circumdatum: umgeben

urbem frumento totoque commeatu intercludi.
Putavit enim
eo modo cives fame coactos se dedituros esse.

commeātu *(Abl.)* **interclūdere**, interclūdō: vom Nachschub abschneiden
dēditūrōs esse: *Inf. Fut. Akt. von* dēdere

Gaio autem Mucio, cuidam Romano, non placuit
10 urbem ab hostibus,
quorum copiae a militibus Romanis saepe victae erant,
obsideri.
Itaque ferro armatus in castra hostium intravit.
Sed a militibus regis captus ad Porsennam tractus est.
15 Mucius »Romanus civis sum«, inquit.
»Hostis te hostem necare volui.
Etsi a tuis captus sum,
tu tamen a periculo liberatus non es.
Nam post me multi Romani sunt,
20 qui te necare in animo habent.«
Et Mucius dextram suam in ignem,
qui in foco incensus erat,
coniecit et, quasi dolores non sentiret, clamavit:
»Tanta audacia, tanta virtute
25 nos Romani cum te pugnabimus!«

ferrum, ī *n.*: Dolch
armāre, armō: bewaffnen
castra, ōrum *n. Pl.*: Lager

voluī: ich wollte

dextra, ae *f.*: rechte Hand
īgnis, is *m.*: Feuer
focus, i *m.*: Opferaltar
coniēcit: er legte
quasi … nōn sentīret: wie wenn er … nicht fühlen würde
pūgnābimus: wir werden kämpfen

Quo facto Porsenna valde commotus Mucium liberum dimisit,
paulo post etiam copias suas Roma deduxit.
Gaius autem Mucius,
cui postea Scaevolae cognomen datum erat,
30 virtutis causa a Romanis magnis honoribus affectus est.

factum, i *n.*: Tat
dīmīsit: *Perf. von* dīmittere
dēdūcere, dēdūcō, dēdūxī: abziehen

Scaevola, ae *m.*: »Linkshand«
cōgnōmen, cognōminis *n.*: Beiname

14.2 *Verwandeln Sie ins Aktiv bzw. Passiv. Füllen Sie aus.*

Aktiv	Passiv
	commissum erat
interfecit	
	gestum est
tollit	
	missus sum
perdiderat	
	coactus eras
delet	
	consensum est
cepisti	

Aktiv	Passiv
condidit	
	permittebatur
reliqui	
	rapti sumus
credideram	
	aperiebatur
trahebamus	
	datum est
exponunt	
	visi sumus

14.3 *Wiederholung der Präpositionen. Übersetzen Sie.*

a) Ad cenam vocare – apud te stare – per urbem ambulare – post multos labores – post hunc diem – de tecto – ante portas urbis – una cum multis amicis – ex urbe ire – prae metu – in villam ire – in villa – a Caesare victus – inter amicos – usque ad noctem – sine te.

Gāius Iūlius Caesar, Gāī Iūliī Caesaris *m.*: *römischer Politiker (100–44 v. Chr.), Prokonsul in Gallien*

b) Setzen Sie nun passende Präpositionen ein.

liber _______ metu – copias _______ castra reducere – Romae, _______ urbe pulcherrima, vivere – aliquid _______ amico petere – _______ hunc finem – certare _______ principatu – _______ fratrem esse – _______ urbe fugere – _______ amicis victoriam celebrare – _______ animo habere – _______ mortem neminem beatum puta – colloquium _______ Caesarem et Ciceronem – visita nos _______ laborem – _______ dies noctesque.

castra, ōrum *n.*: Lager – **Rōma**, ae *f.*: Rom – **nēminem**: *Akk.Sg. zu* nēmō – **Gāius Iūlius Caesar**, Gāī Iūliī Caesaris *m.*: *römischer Politiker (100–44 v. Chr.), Prokonsul in Gallien* – **Mārcus Tullius Cicerō**, Mārcī Tulliī Cicerōnis *m.*: Marcus Tullius Cicero, *röm. Politiker und Schriftsteller (106–43 v. Chr.)*

14.4 *Folgende kleine Wörter verknüpfen oft Sätze und Gedankengänge miteinander. Geben Sie ihre semantische Funktion an, indem Sie zuordnen.*

autem	zeitliche Folge
nam	Gegensatz
itaque	Gegensatz
tum	zeitliche Folge
at	Begründung
mox	Gegensatz
denique	zeitliche Folge
multis diebus post	logische Folge
enim	zeitliche Folge
sed	zeitliche Folge
postridie	Begründung

15

15.1 *Übersetzen Sie.*

De morte Caesaris

Sacrificio deis a Caesare facto
Spurinna haruspex monuerat:
»Cave, Gai, periculum, cave Idus Martias!«
Periculis etiam aliis prodigiis nuntiatis
5 Caesar illo die, qui a Spurinna dictus erat,
in curiam ire diu dubitavit.

Tandem, quod aliquid apud senatores agere in animo habebat,
curiam intravit.

Gāius Iūlius Caesar, Gāī Iūliī Caesaris *m.*: *römischer Politiker (100–44 v. Chr.), Prokonsul in Gallien*
sacrificium, ī *n.*: Opfer
Spurinna, ae *m.*: *Eigenname*
haruspex, haruspicis *m.*: Opferschauer
monēre, moneō: warnen
Īdūs Martiae, Īduum Martiārum *f. Pl.*: Iden des März (15. März)
prōdigium, ī *n.*: *ungünstiges* Vorzeichen
nūntiāre, nūntiō: melden
cūria, ae *f.*: Rathaus, Kurie
dubitāre, dubitō: zögern

Ibi Spurinnae, qui ad portam stabat, cum risu dixit:
10 »Idus Martiae sine ulla mea noxa adsunt!«
Ille autem: »Adsunt, sed non praeterierunt.«
Postquam Caesar assedit,
nonnulli senatores appropinquaverunt
quasi officii causa.
15 Subito Caesar se strictis pugionibus peti videt, clamat:
»Ista quidem vis est!«
Et Marco Bruto: »Et tu, mi fili?«
Tribus et viginti vulneribus acceptis
Caesar ante oculos senatorum corruit.

20 Corpus eius a cunctis relictum diu in curia iacebat,
tandem ab aliquibus servis domum ablatum est.

noxa, ae *f.*: Schaden
praeterīre, praetereō, praeteriī: vorübergehen
assīdere, assīdō, assēdī: sich setzen

officium, ī *n.*: Ehrerbietung
pūgiō, pūgiōnis *m.*: Dolch
petere, petō: *hier:* angreifen
vīs: *Nom. Sg. f.*: Gewalt
Mārcus Brūtus, Mārcī Brūtī *m.*: *ein früherer Freund Caesars*
tribus: *Dat. Pl. von* trēs: drei
vīgintī *undekl.*: zwanzig
corruere, corruō, corruī: zusammenbrechen

iacēre, iaceō: liegen

15.2 *Übersetzen Sie folgende ablativi absoluti.*

his rebus relatis – signis ablatis – bello gesto – urbe obsessa – copiis reductis – villa vendita – fame depulsa – liberis bene educatis – consilio petito – agro culto – gladio stricto – his rebus finitis – urbe condita – cunctis rebus raptis – Carthagine relicta – victoria celebrata – Troia dolo Ulixis expugnata – hostibus a nostris deceptis – Carthagine multis bellis victa – multis rebus a Paride promissis – Helena Troiam a Paride abducta.

Carthāgō, inis *f.*: *Stadt in Nordafrika*

15.3 *Verwandeln Sie die Gliedsätze in ablativi absoluti.*

Beispiel:
Postquam Atticus Lucium laudavit – Lucio ab Attico laudato.

a) Postquam Atticus Quintum vituperavit b) Quod Quintus fabulam non bene legit c) Quamquam cena a servis bene parata erat d) Postquam servae laudatae sunt e) Postquam discipuli domum missi sunt f) Postquam vinum apportatum est g) Quod villa a senatore visitata erat h) Quamquam cuncta bene custodivimus i) Postquam vilicus servum aegrotum vendidit j) Postquam Gnaeus Claudius thermas intravit k) Postquam aliquis Gnaeum salutavit l) Quod Gnaeus servos viderat m) Postquam Nero imperator haec audivit n) Quod multi Nucerini necati sunt o) Postquam Orpheus uxorem invenit p) Quod Orpheus deos multis cum lacrimis oraverat q) Quod Tantalus deos deceperat r) Postquam dei Tantalum non liberaverunt s) Postquam Menelaus Paridi cunctas res monstravit

t) Quod Troiani equum in urbem traxerant u) Postquam Graeci signum audiverunt v) Quod Mercurius Aeneam vituperaverat w) Quamquam multae res promissae erant x) Postquam Remus necatus est y) Quod Remus haec vocaverat z) Postquam Romulus urbem condidit.

thermae, ārum *f.*: die Thermen, die Badeanstalt – **Nerō**, ōnis *m.*: *röm. Kaiser 54–68 n. Chr.* – **Nūcerīnī**, ōrum *m.*: Nuceriner *(Einwohner von Nūceria)* – **Orpheus**, ī *m.*: *(mythischer) Sänger und Dichter* – **Tantalus**, ī *m.*: *Sohn Jupiters, König in Lydien (Kleinasien)* – **Menelāus**, ī *m.*: *König von Sparta* – **Paris**, idis *m.*: *trojanischer Prinz* – **Trōiānus**, ī *m.*: Trojaner – **Graecī**, ōrum *m.*: Griechen – **Mercurius**, ī *m.*: *Götterbote; Gott des Handels* – **Aenēās**, ae *m.*: *trojanischer Königssohn, Stammvater der Römer* – **Remus**, ī *m.*: Remus *(Zwillingsbruder des Romulus)* – **Rōmulus**, ī *m.*: *Gründer und erster König Roms*

15.4 *Fragen zur römischen Politik. Tragen Sie die Antworten in die freien Felder ein; die stark umrandeten Kästchen ergeben die Lösungswörter.*

1 Gesetz, durch das die Plebejer sozial integriert wurden
2 Sizilien wurde 241 v. Chr. ... (lat. Begriff).
3 Gegner Caesars, 48 v. Chr. geschlagen
4 römischer Beamter, zweithöchster Rang im *cursus honorum*
5 Geburtsort Ciceros
6 Cicero griff ihn in 14 Reden an.
7 Verwalter Siziliens, der die Insel ausbeutete
8 lat. Begriff für »Volkstribune«
9 Cicero hoffte bis zu seinem Tod, dass die alte ... wiederhergestellt werden könne.

1														
2														
3														
4														
5														
6														
7														
8														
9														

16

16.1 *Übersetzen Sie.*

Aus der Prophezeiung des Anchises

Aeneas steigt in die Unterwelt hinab, um sich von seinem Vater Anchises die Zukunft Roms vorhersagen zu lassen. Im Folgenden spricht Anchises zu seinem Sohn:

Tibi fatum Romanorum monstrabo:

fātum, ī *n.*: Schicksal

Illa Roma, quam vides,
septem montes muro circumdabit
omnibusque populis imperabit,
5 felix virtute virorum.

Rōma, ae *f.*: Rom
septem: sieben
mūrus, ī *m.*: Mauer
circumdare, circumdō: umgeben
imperāre, imperō *m. Dat.*: herrschen über

Hic vir, hic est, qui tibi, ut saepius audivisti, promissus est:
Augustus Caesar tempora aurea condet,
civibus libertatem dignitatemque reddet,
imperium Romanum usque ad fines terrarrum proferet.

saepius *Adv.*: des Öfteren
Augustus Caesar, Augustī Caesaris *m.*: Kaiser Augustus
aureus, a, um: golden
prōferre, prōferō: ausdehnen

10 Alii signa simulacraque facient,
alii causas agent,
alii caelum sideraque describent.
Tu autem, Romane, impone bellis finem
et omnibus populis da leges tuas
15 (hae tibi erunt artes).
Et memento:
Parcere subiectis et debellare superbos.

causa, ae *f.*: Prozess
sīdus, sīderis *n.*: Gestirn
dēscrībere, dēscrībō: beschreiben

ars, artis *f.*: Kunst
mementō: denke daran
parcere, parcō alicui: jdn. (ver)schonen
subiectus, a, um: unterworfen
dēbellāre, dēbellō: bekriegen
superbus, a, um: stolz, hochmütig

16.2 *Bilden Sie Formenreihen. Verwandeln Sie die Formen nacheinander ins Futur, Imperfekt, Perfekt und Plusquamperfekt.*

Beispiel: redditur, reddetur, reddebatur, redditum est, redditum erat.

obtinemus – deseror – offers – refertur – committit – tollitis – opprimimini – educaris – depellunt – finio – certat – faciunt – habitatis – aedificatur – detineris – relinquimur – aperimus – oppugnatur.

16.3 *Ergänzen Sie aus dem Vorrat im Kasten die passenden Endungen (es bleiben keine übrig).*

proelia acr_____ – sedes vestr_____ – vita difficil_____ *oder:* difficil_____ – rebus necessari_____ – ali_____ modo – omn_____ bona – omn_____ curis – brev_____ tempora – servos omn_____ – servas omn_____ – numerum ingent_____ – cum hominibus divit_____ – homines felic_____ – homini improb_____ – dolores acr_____ – simulacrum sanct_____ – scelus nefari_____ – agros incult_____ – siti acr_____.

-ibus; -o; -i; -ia; -es; -is; -es; -ibus; -es; -um; -ia; -os; -es; -ae; -is; -o; -em; -i; -um; -ia

16.4 *a) Sammeln Sie aus dem Lektionstext alle Formulierungen, die die Situation im Staat, so wie sie Tiberius Gracchus sieht, beschreiben.*

b) Ordnen Sie die Formulierungen unter passende Überschriften.

17

17.1 *Übersetzen Sie.*

Aus der Bergpredigt

Jesus spricht zu seinen Jüngern:

Vos estis lux mundi ...
Homines non accendunt lucernam
et ponunt eam sub modio, sed super candelabrum,
ut luceat omnibus,
5 qui in domo sunt.
Sic luceat lux vestra coram hominibus,
ut videant opera vestra bona
et glorificent patrem vestrum,
qui in caelis est.

lucerna, ae *f.*: (Öl-)Lampe
sub *m. Abl.*: unter
modius, ī *m.*: Scheffel *(Gefäß zum Abmessen von Getreide)*
super *m. Akk.*: *hier:* auf
candēlābrum, ī *n.*: Leuchter
lūcēre, lūceō: leuchten
sīc(ut) *Adv.*: so (wie)
cōram *m. Abl.*: vor
glōrificāre, glōrificō: preisen

10 Audivistis, quia dictum est:
Diliges proximum tuum
et odio habebis inimicum.
Ego autem dico vobis:
Diligite inimicos vestros,
15 benefacite his, quibus odio estis,
ut sitis filii patris vestri,
qui in caelis est.

quia: *hier:* dass
proximus, ī *m.*: nächster, der Nächste
inimīcus, ī *m.*: Feind
benefacere, benefaciō: *erschließen Sie die Bedeutung aus* bene + facere

Sic ergo vos orabitis:
Pater noster, qui es in caelis:
20 Sanctificetur nomen tuum.
Adveniat regnum tuum.
Fiat voluntas tua,
sicut in caelo et in terra.
Panem nostrum supersubstantialem da nobis hodie.
25 Et dimitte nobis debita nostra,
sicut et nos dimittimus debitoribus nostris.
Et ne nos inducas in tentationem,
sed libera nos a malo. Amen.

ergō *Adv.*: also
sānctificāre, sānctificō: heiligen
fiat: es geschehe
voluntās, voluntātis *f.*: Wille
pānis supersubstantiālis, pānis supersubstantiālis *m.*: zum Leben notwendiges Brot
dēbitor, ōris *m.*: Schuldner
indūcere, indūcō: *erschließen Sie die Bedeutung aus* in + dūcere
tentātiō, ōnis *f.*: Versuchung
āmēn: so möge es geschehen

17.2 *Es stehen Ihnen 12-mal ein a, 3-mal ein e und 3-mal ein i zur Verfügung; diese Buchstaben setzen Sie bitte in folgende Verben statt der Leerstelle ein, sodass Konjunktivformen entstehen.*

s__s – capi__t – audi__ntur – ag__mus – vide__s – labor__tis – poss__t – rapi__tur – veni__m – caed__m – debe__tis – am__ris – s__nt – accipi__mus – conveni__tis – dilig__ris – time__t – advol__nt.

Nach welchem Prinzip sind die Formen angeordnet?

17.3 *Übersetzen Sie folgende Wünsche und Befürchtungen.*

a) Utinam valeas. – Opto, ut valeas. b) Utinam ne amici hodie veniant. c) Opto, ut homines securi in hac re publica vivere possint. d) Timeo, ut multi homines vita sua contenti sint. e) Optamus, ut discipuli libenter in hoc libro legant. f) Timemus, ne lingua Latina non omnibus discipulis placeat. g) Opto, ne liberi huius mundi fame sitique laborent. h) Utinam ne caelum mihi in caput cadat. – Timeo, ne caelum mihi in caput cadat.

cadere, cadō: fallen – **lingua** Latīna, ae *f.*: die lateinische Sprache

17.4 *Tantalus soll von seinen Unterweltserfahrungen berichten und erzählen, wovor er Angst hat. Völlig entkräftet stammelt er und kann seine Ängste nur noch mit Infinitiven statt mit konjugierten Formen ausdrücken. Helfen Sie ihm, indem Sie richtige Sätze bilden.*

Beispiel:
Timeo (fame atque siti vexari): Timeo, ne fame atque siti vexer.

Timeo,

(saxum me necare) ______________________________

(Cerberus me capere) ______________________________

(dei me numquam doloribus liberare) ______________________________

____

(numquam conviviis deorum interesse) ______________________________

____

(pater Iuppiter me non iam amare) ______________________________

(a deis numquam invitari) ______________________________

(deos non decipere posse) ______________________________

saxum, ī *n.*: Fels – **Cerberus**, ī *m.*: *dreiköpfiger Höllenhund, der den Eingang in die Unterwelt bewacht* – **convīvium**, ī *n.*: Gastmahl

17.5 *Kleine, schwer zu merkende qu-Wörter – kennen Sie noch alle? Ordnen Sie zu.*

quid?	zwar, wenigstens
qui	und
quidem	weil
quam	wie viele
-que	wer?
quia	wie groß
quidam	ja sogar
quis?	gleichsam
quo modo?	wie
quod	was?
quin etiam	obwohl
quasi	welcher
quot	jemand
quamquam	auf welche Weise?
quantus	weil

18

18.1 *Übersetzen Sie.*

De Antigona

König Ödipus (Oedipūs, Oedipodis *m.*) *von Theben hatte vier Kinder: die Söhne Eteokles* (Eteoclēs, is *m.*) *und Polyneikes* (Polynīcēs, is *m.*) *und die Töchter Antigone* (Antigona, ae *f.*) *und Ismene* (Ismēne, ēs *f.*)

Post Oedipodis regis Thebanorum mortem
filii eius, Eteocles et Polynices, decreverunt
regnum Thebarum inter se dividere.

5 Sed Eteocles tempore suo peracto fratri regnum non cesserat,
itaque Polynices magnis copiis Thebas oppugnavit.
Postquam fratres alius alium ante muros urbis interfecerunt,
Creon, nunc rex Thebanorum, edixit:
»Sepulcri honore alter fratrum afficiatur, Eteocles,
10 quod defendit urbem.
Sed alterum, Polynicem, quod Thebas oppugnavit,
Thebani relinquant insepultum!
Corpus istius hominis praedae sit saevis bestiis!
Cives autem iram meam timeant:
15 Is enim, qui legem ruperit meam, necetur!«

Antigona, soror illorum, cum Ismene sorore deliberat:
»O, Ismene, quid faciamus?
Cur Creon tam improbus est,
ut vetet, quod dei velint?
20 Dei enim postulant, ut omnes mortui sepeliantur.«
Ismene: »Timeo autem iram Creontis.
Iste tam saevus est,
ut nos capitis damnare non dubitet.
Praestat praeceptis regis parere.«
25 Antigona: »Deorum praeceptis si pareo, dei mihi aderunt.
Si tu ignava es, ego sola faciam id, quod deis placet.
Nunc frater sepeliatur mea manu!«

Thēbānī, ōrum *m. Pl.*: Thebaner
dēcernere, dēcernō, dēcrēvī: beschließen
Thēbae, ārum *f. Pl.*: Theben *(Stadt in Böotien)*
dīvidere, dīvidō: teilen
tempore suō: *jeder der Brüder sollte jeweils ein Jahr herrschen*
perāctus, a, um: *Partizip der Vorzeitigkeit Passiv von* peragere, peragō: vollenden, erfüllen
cēdere, cēdō, cessī: *hier:* überlassen
mūrus, ī *m.*: Mauer
Creōn, Creontis *m.*: *Eigenname*
ēdīcere, ēdīcō, ēdīxī: befehlen
sepulcrum, ī *n.*: Grab
īnsepultus, a, um: unbestattet
praeda, ae *f.*: Beute
rūperit: *hier:* er bricht
soror, sorōris *f.*: Schwester
vetāre, vetō: verbieten
velint: sie wollen
sepelīre, sepeliō, sepelīvī, sepultum: bestatten
dubitāre, dubitō: zögern
īgnāvus, a, um: feige

Corpore Polynicis sepulto
Antigona a milite Creontis capta
in carcerem ducitur,
ubi, ne fame pereat, mortem sibi consciscit.

carcer, carceris *m.*: Kerker
cōnscīscere, cōnscīscō: zufügen

18.2 *Zu welchen Personen der griechisch-römischen Mythologie passen folgende Aussagen? Ordnen Sie zu.*

E Tartaro exeamus et lucem solis videamus!	Dis et Proserpina
Cur Iovem timeam?	Helena
Cur tecum Troiam abeam?	Remus
Equum aedificemus, ut Troianos decipiamus!	Orpheus
Cur vos e Tartaro exire permittamus?	Menelaus
Cur non Helenam dolo rapiam?	Romulus et Remus
Homines adiuvemus et deos decipiamus!	Ulixes
Tecum in Africa maneamus, ut urbem novam aedificemus!	Romulus et Remus
Carthaginem relinquamus, ut dei iusserunt!	Aethra et Helena
Urbem novam condamus!	Aeneas
Cur finem a te factum non transeam?	Tantalus
Equum in mare trahamus, ne a Graecis decipiamur!	Aeneas
Deos interrogemus, ut consilia eorum cognoscamus!	Paris
Ne amori virorum credamus!	Tantalus
Domum redeamus, mea Helena!	Cassandra

Tartarus, ī *m.*: *Strafort in der Unterwelt* – **Iuppiter**, Iovis *m.*: *höchster Gott der Römer* – **Trōia**, ae *f.*: *Stadt in Kleinasien* – **Trōiānus**, ī *m.*: Trojaner – **Carthāgō**, inis *f.*: *Stadt in Nordafrika* – **Graecī**, ōrum *m.*: Griechen

18.3 *In der römischen Philosophie werden vielfach Begriffe einander gegenübergestellt. Ordnen Sie zu.*

bonum	aliena
falsum	facere
mors	satis vivere
sua	cura
sapiens	malum
corpus	animus
dicere	vita
aequus animus	stultus
diu vivere	verum

18.4 *Verumne est? Kreuzen Sie an und schreiben Sie die Kennbuchstaben der korrekten Antworten hintereinander; es ergibt sich der Name einer römischen Provinz.*

____

Verumne est ...	verum	falsum
Ciceronem Romanos philosophiam Graecam docuisse?	G	B
Senecam philosophum a Nerone imperatore necatum esse?	A	C
villam Sabinae Poppaeae etiam nunc visitari posse?	L	Q
Neronem Sabinam Poppaeam non in matrimonium duxisse?	D	L
Caesarem leges numquam neglexisse?	F	I
Caesarem exercitum Romam duxisse?	A	D
Ciceronem dixisse: »Veni, vidi, vici«?	V	T
Caesarem dixisse: »Et tu, mi fili«?	R	U
Ciceronem hominem novum non fuisse?	W	A

Verrem multa scelera commisisse?	N	C
praetores numquam cupidos fuisse?	B	S
multa templa praeclara in Sicilia fuisse?	A	M
Romanos Corinthum quidem expugnavisse, sed non delevisse?	S	L
Marcum Tullium Ciceronem et oratorem et philosophum fuisse?	P	E
Graecia a Romanis oppugnata multos servos Romam venisse?	I	D
multos servos Graecos magistros discipulorum Romanorum fuisse?	N	F
Ciceronem Galliam obsedisse?	L	A

Mārcus Tullius Cicerō, Mārcī Tulliī Cicerōnis *m.*: Marcus Tullius Cicero, *röm. Politiker und Schriftsteller (106–43 v. Chr.)* – **Seneca**, ae *m.*: *römischer Staatsmann und Philosoph (um 4 v. Chr.-65 n. Chr.)* – **Sabīna Poppaea**, Sabīnae Poppaeae *f.*: *vornehme Römerin, in dritter Ehe mit Kaiser Nero verheiratet* – **Gāius Iūlius Caesar**, Gāī Iūliī Caesaris *m.*: *römischer Politiker (100–44 v. Chr.), Prokonsul in Gallien* – **neglēxī**: *Perf. zu* neglegere – **Verrēs**, is *m.*: *Proprätor in Sizilien (73–71 v. Chr.)* – **praetor**, ōris *m.*: Praetor *(röm. Beamter)* – **Corinthus**, ī *f.*: Korinth – **Graecia**, ae *f.*: Griechenland – **Rōma**, ae *f.*: Rom – **Gallia**, ae *f.*: Gallien

19

19.1 *Übersetzen Sie.*

Minos (Mīnōs, Mīnōis *m.*) war ein mächtiger König von Kreta (Crēta, ae *f.*). Die Sage erzählt, dass er einmal gegen Athen Krieg führte, weil einer seiner Söhne in Athen ermordet worden war. Der König von Athen, Aegeus (Aegeus, ī *m.*), musste beim Friedensschluss einwilligen, dass die Athener (Athēniēnsēs, ium *m.*) von nun an jährlich sieben Jungen und sieben Mädchen als Tribut nach Kreta senden würden. Dort wurden sie von Minotaurus (Mīnōtaurus, ī *m.*), einem Ungeheuer mit Stierkopf auf einem menschlichen Körper, das in einem Labyrinth (labyrinthus, ī *m.*) hauste, verschlungen. Das Schiff, das die Opfer nach Kreta brachte, segelte zum Zeichen der Trauer mit schwarzen Segeln.

De Theseo et Ariadna

Thēseus, Thēseī *m.*: *Eigenname*
Ariadna, ae *f.*: *Eigenname*

Theseus, filius regis Atheniensium,
ubi civitatem tanta calamitate affici vidit,
se ipsum cum illis liberis miseris

calamitās, calamitātis *f.*: Unglück

ad Minotaurum iturum promisit,
5 ut cum bestia pugnaret.
Putavit enim
esse regis futuri populum ab omnibus periculis defendere.
Quem Aegeus pater cum mitteret, imperavit ei,
ut – Minotauro victo – vela candida in nave haberet.
10 Theseus, postquam in Cretam venit,
ab Ariadna, Minois filia, adamatus
promisit se eam in matrimonium ducturum,
si Minotaurum vicisset.
Tum in labyrinthum missus monstrum illud necavit
15 et auxilio Ariadnae servatus est.
Illa enim ei licium dederat, quod Theseus revolvit,
ut exitum labyrinthi inveniret.
Tum, ut promiserat, cum Ariadna Cretam clam reliquit.

Postea autem cogitavit sibi opprobrio futurum esse,
20 si Ariadnam, filiam regis hostium,
uxorem in patriam duceret.
Itaque in insula quadam Ariadnam clam reliquit
et solus Athenas navigavit.

Sed cum vela atra mutare oblitus esset,
25 Aegeus pater
Theseum a Minotauro interfectum esse credidit
et in mare se praecipitavit;
ex quo illud Aegeum mare est dictum.

imperāre, imperō: befehlen
vēlum, ī *n.*: Segel
candidus, a, um: weiß

adamāre, adamō: lieb gewinnen

sī vīcisset: wenn er besiegt hätte

mōnstrum, ī *n.*: Ungeheuer

līcium, ī *n.*: Faden *(zum Knäuel aufgewickelt)*
revolvit: er wickelte (wieder) ab
exitus, ūs *m.*: Ausgang
clam *Adv.*: heimlich

opprobrium, ī *n.*: Vorwurf

dūceret: er würde führen

īnsula, ae *f.*: Insel

Athēnae, ārum *f.*: Athen
nāvigāre, nāvigō: segeln

āter, ātra, ātrum: schwarz
mūtāre, mūtō: wechseln
oblītus esset: er hatte vergessen

mare, maris *n.*: Meer
praecipitāre, praecipitō: stürzen
Aegaeus, a, um: ägäisch

19.2 *Führen Sie auf die lexikalische Form zurück.*

gigneret ______________ luceret ______________

iret ______________ esset ______________

daret ______________ debeat ______________

incitat ______________ impleat ______________

doceat ______________ audiat ______________

accedas ______________ stas ______________

nullas ______________ has ______________

velas ______________ dignas ______________

rem ______________ artem ______________

ducem ______________ mortem ______________

quietem ______________ sapientem ______________

sollicitem ______________ diem ______________

legem ______________ brevem ______________

referremur ______________ excitemur ______________

expelleremur ______________ desereremur ______________

sollicitaret ______________ suppeditaret ______________

consistat ______________ damnat ______________

horas ______________ voluptas ______________

praeficias ______________ nuberem ______________

sermonem ______________ voluptatem ______________

inscriberem ______________ quem ______________

omnem ______________ appellemur ______________

19.3 *Wiederholung der Subjunktionen. Ordnen Sie zu.*

quod	sobald
	obwohl
cum + Ind.	weil
ubi (primum)	als
ne	dass
quamquam	nachdem
postquam	als plötzlich
nisi	sodass nicht
ut + Ind.	obwohl
quia	weil
	dass nicht
dum	(immer) wenn
ut non	als
cum + Konj.	weil
si	solange
	sodass
ut + Konj.	wie
	während
	damit
	wenn
	damit nicht
	wenn nicht

Welche semantischen Funktionen können Gliedsätze haben, die mit diesen Subjunktionen eingeleitet werden? Tragen Sie die Subjunktionen ein.

temporal	kausal	konzessiv	final	komparativ	konsekutiv	konditional

19.4 *Auch von den Römern sind uns Graffiti überliefert – wie diese aus Pompeji (zitiert nach K. W. Weber, Decius war hier ... – Das Beste aus der römischen Graffiti-Szene, Zürich/Düsseldorf [2]2000.)*

1. Minximus in lecto, peccavimus, hospes. Si dices: Quare? Nulla matella fuit.
2. Epaphra, glaber es.
3. Marcus Spendusam amat.
4. Cornelia Helena ab Rufo amatur.
5. Feliclam amat, Feliclam amat, Feliclam amat.
6. Qui amat, valeat! Pereat, qui nescit amare.

mingere, mingō, mīnxī, mīnctum: pissen – **peccāre**, peccō: eine Verfehlung begehen – **hospes**, hospitis *m.*: *hier:* Wirt – **matella**, ae *f.*: Nachttopf – **glaber**, glabrī *m.*: Glatzkopf

20

20.1 *Übersetzen Sie.*

Socrates

Socrates, cum a quodam iuvene interrogatus esset:
»Quid faciam? Uxoremne in matrimonium ducam
an praestat matrimonio abstinere?«
respondit: »Si uxorem in matrimonium duxeris, te paenitebit.
5 Nam si uxorem haberes, tibi semper molestiae essent:
Si cum amicis cenavisses et sero domum venisses,
illa te vituperaret.
Si tibi liberi essent, numquam tutus esses a curis.
Adde garrulam linguam socrus
10 et cognosces matrimonium tibi gaudio non futurum esse.«
Iuvenis: »Praestat ergo matrimonio abstinere ...«
Socrates: »Non dixi.
Nam si uxorem in matrimonium non duxeris, te etiam paenitebit.
Si sine coniuge viveres, nemo tibi adesset, cum aegrotus esses.
15 Si tibi liberi non essent, multis gaudiis privatus esses,
interitus generi tuo immineret, heredem alienum haberes.
Adde solitudinem
et censebis uxore tibi opus esse.«
Iuvenis: »Tace, o Socrates!
20 Quid faciam? Nescio.
Utinam tacuisses!«
Socrates: »Nisi me interrogavisses, tacuissem!«

Sōcratēs, is *m.*: *griech. Philosoph (469–399 v. Chr.)*

abstinēre, abstineō *m. Abl.*: sich enthalten
dūxeris: *hier:* du führst
mē paenitet: es reut mich, ich bereue

tūtus, a, um: sicher, geschützt
garrulus, a, um: geschwätzig
lingua, ae *f.*: Zunge
socrus, ūs *f.*: Schwiegermutter

prīvātus, a, um: *hier:* beraubt
imminēre, immineō: bevorstehen
hērēs, hērēdis *m.*: Erbe
sōlitūdō, sōlitūdinis *f.*: Einsamkeit

20.2 *Wenn das Wörtchen »wenn« nicht wär' ... Übersetzen Sie von a bis z.*

a) Si hoc verum esset ... b) Nisi id timerem ... c) Si pater viveret ... d) Si sedulus essem ... e) Si ei credere possem ... f) Si narrarem ... g) Si id mihi placeret ... h) Si nonnulli me adiuvarent ... i) Nisi desperarem ... j) Nisi deciperer ... k) Si veniretis ... l) Nisi relinqueretis ... m) Si deliberaremus ... n) Nisi hoc negaretur ... o) Nisi exspectarentur ... p) Si hoc monstraretur ... q) Si defenderemini ... r) Si ambulares ... s) Nisi abducereris ... t) Si hoc adderetur ... u) Nisi hominem nefarium accusaremus ... v) Nisi dei adorarentur ... w) Si servus cibum afferret ... x) Si villam aedificaremus ... y) Si laudarer ... z) Nisi hoc negotium tam stultum esset ...

negōtium, ī *n.*: Aufgabe

20.3 *Was wäre geschehen, wenn ... Ordnen Sie passende Satzhälften einander zu.*

A) Si Ulixes Helenam in matrimonium duxisset,	a) Helena Troiae vixisset.
B) Nisi Paris Helenam rapuisset,	b) domi necatus non esset.
C) Si Priamus rex Paridem retinuisset,	c) Graeci bellum non gessissent.
D) Nisi Helena Paridem amavisset,	d) Paris in Ithacam insulam venisset.
E) Si Menelaus Spartae mansisset,	e) Ulixes coniugem novum Penelopes (*Gen. von* Penelope) necavisset.
F) Si Ulixes domum non redisset,	f) Penelope alii *(Dat. von* alius*)* nupsisset.
G) Nisi Penelope XX annos Ulixem exspectavisset,	g) non cum eo Troiam venisset.
H) Si Agamemnon Troiae cum serva sua mansisset,	h) ab alio abducta esset.
I) Nisi Helena a Paride rapta esset,	i) Paris Spartam non venisset.

Ulixēs, is *m.*: Odysseus – **Helena**, ae *f.*: *Königin von Sparta* – **Trōia**, ae *f.*: *Stadt in Kleinasien* – **Paris**, idis *m.*: *trojanischer Prinz* – **Graecī**, ōrum *m.*: Griechen – **Menelāus**, ī *m.*: *König von Sparta* – **Sparta**, ae *f.*: *Stadt in Griechenland* – **Trōia**, ae *f.*: *Stadt in Kleinasien*

20.4 *a) Stellen Sie folgenden Satz schematisch so dar, wie auf S. 97 im Buch erläutert.*

Heri, cum per forum ambularem, ut nonnullas res emerem, philosophus quidam, qui semper de natura rerum disputare cupit, me salutavit et interrogare coepit ...

b) Verfahren Sie ebenso mit den Sätzen in Lektion 18, Text 4. Welche Stilmittel werden dadurch besonders deutlich?

21

21.1 *Übersetzen Sie.*

Die Witwe von Ephesus

Mulier quaedam maritum,
quem valde amaverat, amiserat
corpusque eius in sarcophago positum
in sepulcro condiderat,
5 a quo revelli non poterat.
Mulier, cum tanta fide in sepulcro vitam degeret,
omnibus admirationi erat.

sarcophagus, ī *m.*: Sarg
sepulcrum, ī *n.*: Grab, Gruft
condere, condō: *hier:* verbergen
revellere, revellō: weg-, losreißen
dēgere, dēgō: verbringen

Tum forte latro quidam capitis damnatus
a carnificibus loco,
10 qui non longe a sepulcro distabat,
cruci affixus est.
Et positus est miles,
qui custodiret, ne corpus de cruce tolleretur.

forte *Adv.*: zufällig
latrō, latrōnis *m.*: Räuber
carnifex, carnificis *m.*: Henker
crux, crucis *f.*: Kreuz
crucī affigere, affigō, affixī, affixum: ans Kreuz schlagen

Aliquando ille siti vexatus
15 mulieri appropinquavit interrogavitque,
ubi aquam invenire posset.
Cum feminam aegrotam, sed adhuc pulchram vidisset,
amore eius incensus est.
Etiam miles mulieri placuit …
20 Quo ex tempore
ille mulierem saepe in sepulcro visitabat
custodiamque neglegebat.

aegrōtus, a, um: *hier:* verhärmt
adhūc *Adv.*: noch
ex *m. Abl.*: *hier:* seit
cūstōdia, ae *f.*: Wache

Ita factum est,
ut corpus cruci affixum
25 ab amicis latronis clam sublatum sit.
Qua re cognita miles uxori dixit:
»Nescio, quid faciam. Timeo enim, ne puniar.«
Mulier autem: »Non est, cur timeas.

factum est: es geschah
clam *Adv.*: heimlich
pūnīre, pūniō: bestrafen
nōn est: *hier:* es gibt keinen Grund

Dabo tibi corpus mariti,
30 ut id loco latronis cruci affigas.«
Postridie populus miratus est,
quo modo maritus isset in crucem.

locō *m. Gen.*: anstelle von
mīrātus est: er wunderte sich

Hac fabula Phaedrus poeta,
ut ipse dixit, monstrare voluit,
35 quanta inconstantia essent mulieres.

Phaedrus, ī *m.*: *röm. Dichter (1. Jh. n. Chr.)*
poēta, ae *m.*: Dichter
voluit: er wollte
incōnstantia, ae *f.*: Unbeständigkeit

21.2 *Stellen Sie folgende Sätze schematisch so dar, wie auf S. 97 im Buch erläutert (vgl. auch Übung* 20.4).

a) Orpheo, qui in Thracia vivebat, dei hanc artem dederant, ut carminibus, quae lyra canebat, et homines et bestias et saxa delectaret, ut gauderent, dolerent, riderent, flerent ut homines.
b) Quod Eurydica, dum cum amicis per prata ambulat, morsu serpentis laesa et veneno necata est, tam graviter Orpheus doluit, ut iterum atque iterum deos interrogaret, quis eorum tanta crudelitate esset et qua de causa dei semper homines vexarent.
c) Orpheus, postquam ad portam Taenariam iit, carminibus Cerberum, qui vigilabat ad portam, ita mitigavit, ut virum fortem ad mortuos descendere permitteret.

Orpheus, ī *m.*: *(mythischer) Sänger und Dichter* – **Thracia**, ae *f.*: Thrakien – **carmen**, inis *n.*: Lied – **lyrā canere**, canō: zur Harfe singen – **saxum**, ī *n.*: Fels – **Eurydica**, ae *f.*: *Frau des Orpheus* – **prātum**, ī *n.*: Wiese – **morsū serpentis**: durch einen Schlangenbiss – **laesus**, a, um: *Partizip der Vorzeitigkeit zu* laedere – **graviter**: schwer – **porta Taenaria**, portae Taenariae *f.*: tänarisches Tor *(Tor der Unterwelt)* – **carmen**, inis *n.*: Lied – **Cerberus**, ī *m.*: dreiköpfiger Höllenhund, der den Eingang in die Unterwelt bewacht – **mītigāre**, mītigō: besänftigen – **dēscendere**, dēscendō: hinabsteigen

21.3 *Mit Ihren Lateinkenntnissen können Sie die Bedeutung vieler englischer, französischer, italienischer und spanischer Wörter erschließen. Von welchem lateinischen Wort sind folgende Wörter jeweils abzuleiten und was bedeuten sie?*

Englisch	Französisch	Italienisch	Spanisch	Lateinisch	Deutsch
number	le nombre	il numero	el número		
arms	l'arme	l'arma	el arma		
glory	la gloire	la gloria	la gloria		
faith	la foi	la fede	la fe		
–	tu aimes	ami	amas		
you have	tu as	hai	has		
–	écrire	scrivere	escribir		
to commit	commettre	commettere	cometer		
to move	mouvoir	muovere	mover		
to respond	répondre	rispondere	responder		
to accept	accepter	accettare	aceptar		
to study	étudier	studiare	estudiar		
–	être	essere	ser		

21.4 *Ergänzen Sie die entsprechende lateinische Konjugationsreihe.*

a)

Französisch	Lateinisch
je suis	
tu es	
il est	
nous sommes	
vous êtes	
ils sont	

b)

Italienisch	Lateinisch
amo	
ami	
ama	
amiamo	
amate	
amano	

c) Wie bilden romanische Sprachen die Perfektformen? Ergänzen Sie zum Vergleich die lateinischen Formen.

Französisch	Italienisch	Spanisch	Lateinisch
j'ai aimé	ho amato	he amado	
tu as aimé	hai amato	has amado	
il a aimé	ha amato	ha amado	
nous avons aimé	abbiamo amato	hemos amado	
vous avez aimé	avete amato	habéis amado	
ils ont aimé	hanno amato	han amado	

d) Von welchem lateinischen Wort lässt sich der erste Bestandteil der Perfektformen ableiten?

22

22.1 *Übersetzen Sie.*

De eruptione Vesuvii

Anno p. Chr. n. septuagesimo nono
eruptio Vesuvii montis multa oppida delevit.
Per multos iam dies terra saepe mota
incolas huius regionis terrebat,
5 cum nubem nigram et ingentem
in summo monte apparuisse nuntiatum est.
Tum multi turbines secuti sunt,
qui multo vehementiores quam soliti videbantur.

Incolae, cum periculum vererentur,
10 domi manebant montem magno cum metu observantes.
Media nocte ignibus subito e monte exeuntibus
nonnulli homines tanto terrore capti sunt,

ēruptiō, ōnis *f.*: Ausbruch
Vesuvius, ī *m.*: *Vulkan in Kampanien*
septuāgēsimus nōnus: der 79.
incola, ae *m.*: Bewohner
nūbes, is *f.*: Wolke
nūntiāre, nūntiō: melden
multō vehementior, vehementiōris: viel heftiger
observāre, observō: beobachten
medius, a, um: mittlerer
ignis, is *m.*: Feuer

ut in fugam statim se darent.
In aperta currentes muros corruentes evitabant.
15 Sed nube nigra appropinquante
multi cineribus de caelo cadentibus interfecti sunt.
Et qui navibus utentes per mare fugere conabantur
et qui in domibus salutem petebant,
cineribus obruti mortem horribilem obierunt.

20 Hac in miseria etiam Plinius, avunculus Plinii poetae,
qui nos de ea re certiores fecit,
mortem obiit:
Cum illud »miraculum«, ut ei videbatur,
ex proximo spectare studuisset,
25 caligine crassa suffocatus est.

statim *Adv.*: sofort
in aperta *n. Pl.*: ins Freie
corruere, corruō: einstürzen
ēvitāre, ēvitō: vermeiden
cinis, cineris *m.*: Asche; *Pl.*: Aschenregen
cadere, cadō: fallen
mare, maris *n.*: Meer
cōnārī, cōnor: versuchen

obrutus, a, um: verschüttet
horribilis, e: entsetzlich

Plīnius, ī *m.*: 1. Plinius (der Ältere); *Autor einer Naturgeschichte*; 2. Plinius (der Jüngere); *Autor und Politiker*
avunculus, ī *m.*: Onkel

mīrāculum, ī *n.*: Wunder
ex proximō: aus nächster Nähe
cālīgō crassa, cālīginis crassae *f.*: dichter Rauch
suffōcārī, suffōcor: ersticken

22.2

Übersetzen Sie die Partizipialkonstruktionen auf möglichst viele Arten (Gliedsatz, Hauptsatz, präpositionaler Ausdruck) und geben Sie ihre semantischen Funktionen an; manchmal sind verschiedene Sinnrichtungen möglich.

a) Magister cantans nos delectat.
b) Tantalus omnia possidens deos superare cupiebat.
c) Romani philosophos Graecos multa disputantes periculosos putabant.

22.3

Finden Sie jeweils die Form heraus, die nicht in die Reihe passt, und »korrigieren« Sie sie.

1. sequor, sequeris, sequerer, secutus erat.

____

2. sequerer, sequereris, sequeretur, sequeremus, sequeremini, sequerentur.

____

3. vereris, verereris, veritus esses.

____

4. veretur, vereberis, verebatur, veritus est, veritus erat.

____

5. utetur, verebitur, sequentur, lavetur, mirabitur, venabuntur.

____

6. lavamini, lavabamini, lavabimini, lavatus es, lavati eratis.

____

7. venamur, venaturus, venatus.

____

22.4 *Einige lateinische Sätze aus dem Bereich der Medizin. Was bedeuten Sie? Suchen Sie die passende Erklärung heraus.*

1. Medicina soror philosophiae.
   a) Der Arzt hat eine Schwester mit Namen »Sophia«.
   b) Medizin und Philosophie sind ganz eng miteinander verbunden.
   c) Medizin ist ein Teil der Philosophie.
2. Vita brevis, ars longa.
   a) Das Leben ist zu kurz, um sich in allen Bereichen der Medizin auskennen zu können.
   b) Je mehr sich die Medizin um den Patienten kümmert, desto kürzer lebt dieser.
   c) In einem kurzen Leben liegt die wahre Kunst.
3. Orandum est, ut mens sana in corpore sano sit.
   a) Wer in der Mensa isst, braucht einen gesunden Körper.
   b) Das Wichtigste ist Gesundheit an Geist *und* Körper.
   c) Sportliche und geistige Fitness schließen sich aus.
4. Medicus curat, natura sanat.
   a) Der eigentliche Arzt ist die Natur.
   b) Je mehr der Arzt herumkuriert, desto langsamer wird man gesund.
   c) Nur der Arzt kann heilen, nicht die Natur.
5. Morbus sacer
   a) ist eine Form von Darmverschluss.
   b) ist eine Krankheit, gegen die es kein Mittel gibt.
   c) ist die Epilepsie.
6. Non vivere, sed valere vita.
   a) Man soll sich nicht darum kümmern zu leben, sondern soll dem Leben »Vale« sagen.
   b) Im Leben kommt es nicht darauf an gesund zu sein.
   c) Zum richtigen Leben braucht man umfassende Gesundheit.
7. Innumerabiles morbos miraris? – Medicos numera!
   a) Je mehr Ärzte man aufsucht, desto mehr Krankheiten hat man.
   b) Weil es so viele Krankheiten gibt, gibt es auch so viele Fachärzte.
   c) Je länger die Kontonummer des Arztes, desto schneller wird der Patient gesund.

soror, ōris *f.*: Schwester – **ōrandum** est: man muss darum beten – **sānāre**, sānō: heilen –**innumerābilis**, e: unzählig

23

23.1 *Übersetzen Sie.*

Aesop und der Sportler

Aliquando Aesopus sapiens victorem gymnici certaminis vidit,
qui victoriam suam maiore cum superbia iactabat.
Interrogavit eum,
an adversario maiores vires fuissent quam ei ipsi.
5 Ille respondit: »Qua de causa istud e me quaesivisti?
Num dubitas me fortiorem fuisse isto adversario?
Meas vires multo maiores fuisse constat.«
Aesopus autem:
»Qua gloria, stultissime, dignus es,
10 si fortior minus valentem vicisti?
Melius est,
si diceres te superavisse aliquem,
qui fortior viribus fuisset quam te.«

Aesōpus, ī *m.*: *griech. Fabeldichter (6. Jh. v. Chr.)*
victor, victōris *m.*: Sieger
certāmen gymnicum, certāminis gymnicī *n.*: sportlicher Wettkampf
superbia, ae *f.*: Stolz
iactāre, iactō aliquid: *hier:* sich brüsten mit
vīrēs, vīrium *f.*: Kräfte
fortis, e: *hier:* stark
est: *hier:* es wäre
fuisset: *hier mit dem Indikativ zu übersetzen*

23.2 *Nicht jedes Adjektiv passt nach KNG zu den angegebenen Substantiven. Ordnen Sie zu.*

domini: sapientioris – benigniores – humani – fidelem – severis – optimi – melioris – meliores – meliori – sapientissimo.

____

dea: bona – fideli – benigni – nefariam – mobilis – minore – optimi – sapientissima.

____

imagines: carae – maximas – peioris – miserae – nigri – turpissimas – exigua – meliorum.

____

agricolae: fortis – fortes – forti – fortium – bonae –omnes – malae – mali – fidelissimae – fidelissimo – sapienti.

____

tempus: multi – minus – peiorem – malum – malus – maximus – pessimum – pessima – pessimus.

____

23.3 *Schlüsselwörter sind Wörter, die in einem Text eine zentrale inhaltliche Funktion haben und mit deren Hilfe man seinen Inhalt erschließen kann. Für Text 1 der Lektion 23 kann man z.B. folgende Schlüsselwörter angeben:*

dubito – Domine – Christianorum – deos appellavissent – imaginem tuam – convenire – non scelus – superstitio – consului – hunc actum – interrogo – dimitto – supplicium.

a) Fassen Sie den Inhalt des Textes (auf Deutsch) anhand dieser Wörter zusammen.

b) Suchen Sie dann selbst aus Text 2 Schlüsselwörter heraus und schreiben Sie anhand dieser eine deutsche Inhaltsangabe.

23.4 fieri *ist vielfältig einsetzbar. Ordnen Sie den lateinischen Sätzen oder Satzteilen deutsche Sätze oder Redewendungen zu.*

1. Id fieri potest.	A) ..., wie es meistens passiert.
2. Fiat lux, et facta est lux.	B) Von nichts kann nichts kommen.
3. Consul militibus dixit, quid fieri cuperet.	C) ..., dass ... ein Unglück passiert.
4. Fieri potest, ut fallar.	D) Das kann vorkommen.
5. ..., si fieri potest.	E) ... nach Möglichkeit.
6. Ex nihilo nihil fieri potest.	F) ..., was sie tun sollten.
7. ..., ut fieri solet.	G) Ich kann mich natürlich auch irren.
8. Mater timet, ne quid filio fiat.	H) Es werde Licht, und es ward Licht.

ex nihilō: von nichts – **māter**, mātris *f.*: Mutter

24

24.1 *Übersetzen Sie.*

Diogenes und Alexander

Aliquando Alexander, ille maximus imperator Macedonum,
venit Sinopem oppidum,
quod Diogenem philosophum videre volebat.
Ille omnibus suis rebus donatis
5 etiam poculum abiecerat,
quo aquam haurire solitus erat,
cum ad bibendum manibus uti mallet.

Diogenes autem in dolio habitans in sole sedebat,
cum Alexander apparuit.
10 Postquam philosophum salutavit,
a Diogene interrogatus est,
quae esset causa visitandi.
Alexander: »Te pauperem esse scio.
Itaque si qua re egearis,
15 tibi donare velim, quidquid rogaveris.«
Diogenes ridens:
»Noli donando me ab institutis meis abducere.
Si interrogas, quid optem:
Velim tantum, ut a sole mihi non obstes.«

Diogenēs, is *m.: griech. Philosoph (4. Jh. v. Chr.)*
Alexander, Alexandrī *m.: König der Makedonen*
Macedō, ōnis *m.*: Makedone *(Makedonien: Landschaft im Norden Griechenlands)*
Sinōpē, ēs *f.: Stadt am Schwarzen Meer*

dōnāre, dōnō: (ver)schenken
pōculum, ī *n.*: Becher
abicere, abiciō, abiēcī: *erschließen Sie die Bedeutung aus* ab + iacere
haurīre, hauriō: schöpfen

dōlium, ī *n.*: Fass

pauper, pauperis: arm

quā = aliquā
quidquid: was auch immer
rogāveris: du wünschst

īnstitūtum, ī *n.*: Grundsatz

obstāre, obstō ab aliquā rē: vor etwas stehen

24.2 *Wir helfen den Römern beim Bau einer Rheinbrücke. Fügen Sie die Bausteine ein und übersetzen Sie.*

1. .... /..
Baustein Übersetzung
wurden Experten aus Rom herbeigerufen.

2. Einige von ihnen meinten zwar,

.... /..
Baustein Übersetzung

3. Andere jedoch empfahlen dringend,

.... /..
Baustein Übersetzung

4. Nachdem der Feldherr den Soldaten eine Belohnung versprochen hatte, waren sie freudig bereit,

.... /..
Baustein Übersetzung

5. .... /..
Baustein Übersetzung
stießen die Römer auf technische Schwierigkeiten, die aber behoben werden konnten.

6. .... /..
Baustein Übersetzung
zeigten die Römer den Germanen ihre Macht.

7. .... /..
Baustein Übersetzung
war die Verbindung zu den germanischen Stämmen hergestellt.

8. .... /..
Baustein Übersetzung
rollte dann der Verkehr.

9. .... /..
Baustein Übersetzung
stand eine Statue des Kaisers.

Die Bausteine:
per pontem exstructum – in exstruendo – pontem exstruendi causa – non esse causam exstruendi – ponte exstructo – in ponte exstructo – hunc pontem exstruendo – ad exstruendum – ut pons exstrueretur.

pōns, pontis *m.*: Brücke

24.3 *Vorsicht, Verwechslungsgefahr. Bestimmen Sie folgende Formen.*

malo (5) – volebat – volabat – opera (4) – mora (2) – more – morte – constat – consistit – constituit (2) – prodest – potest – video – videor (2) – iudicium (2) – iudicum – fere – ferre – vitia – vita – aeris (2) – artis – servat – servit – certi (3) – ceteri – ora (5) – cura (3) – regna (3) – cogito – cogo.

24.4 *Wortfamilien*

iudex, iudicium, iniuria, iurare, ius, iustus gehören zu einer großen Wortfamilie.

Suchen Sie weitere Familienmitglieder zu

a) cupere – b) domus – c) ducere – d) facere – e) gens – f) gratia – g) liberare – h) miser – i) necessitas – j) pater – k) primus – l) regina – m) sacer – n) sedere – o) senator.

25

25.1 *Übersetzen Sie.*

Ein Gleichnis

Et ecce unus accedens, dixit Iesu:
»Magister, quid boni faciam
ad vitam aeternam habendam?
Qui ait ei:
5 »Si autem vis ad vitam ire,
serva mandata. [...]
Honora patrem tuum et matrem tuam
et dilige proximum tuum sicut te ipsum.«
Dicit illi iuvenis:
10 »Quae haec custodivi a iuventute mea.
Quid adhuc mihi deest?«
Ait illi Iesus:
»Si vis perfectus esse, i,
vende, quae habes, et da pauperibus,

ecce: siehe
Iēsū: *Dat. von* Iēsūs
aeternus, a, um: ewig
mandātum, ī *n.*: Gebot
honōrāre, honōrō: ehren
proximus, ī *m.*: nächster, der Nächste
sīcut *Adv.*: wie
adhūc *Adv.*: noch

15	et habebis thesaurum in caelo.	**thēsaurus**, ī *m.*: Schatz
	Et veni, sequere me.«	
	Cum audivisset autem iuvenis verbum, abiit tristis:	**trīstis**, e: traurig
	Erat enim divitissimus neque paratus ad omnia vendenda.	
	Iesus autem dixit discipulis suis:	
20	»Amen dico vobis,	**āmēn**: wahrlich
	quia dives difficile intrabit in regnum caelorum.	**quia**: *hier:* dass **difficile** = *Adv.*
	Et iterum dico vobis:	
	Facilius est	
	camelum per foramen acus transire,	**camēlus**, ī *m.*: Kamel **forāmen**, forāminis **acūs** *n.*: Nadelöhr
25	quam divitem intrare in regnum caelorum.«	

25.2

Sie kennen die Formen des Partizips der Gleichzeitigkeit (des Partizips Präsens Aktiv), des Partizips der Vorzeitigkeit (des Partizips Perfekt Passiv), des Gerundiums und des Gerundivums. Ordnen Sie die Wörter und Wortverbindungen in die Spalten ein.

ignorantibus – bellis gerendis – his rebus accidentibus – cladibus illatis – iniuriam ferendo – caedibus faciendis – ad placandum – imber deficiens – ad cenas parandas – id videndi – ira deorum placata – ad vitam agendam – vita bene acta – omnia custodienti – his rebus dictis – vincendi – itinere facto – punitas – flens – caedendo – advenientis.

Partizip der Gleichzeitigkeit	Gerundivum	Gerundium	Partizip der Vorzeitigkeit

25.3 *Viele Touristen werfen Münzen in die Brunnen Roms, vor allem in den Trevi-Brunnen. Wem gehört nach römischem Recht das Geld, das auf dem Brunnenboden liegen bleibt? Die Antwort erhalten Sie, wenn Sie die Anfangsbuchstaben aller Adverbien aneinander reihen.*

per – ad – aliquid – recte – re – egregie – ascendere – vetere – leve – saepe – imbre – spe – matre – novissime – caram – probam – umquam – innocentiam – continentiam – iter –libenter – leviter – ius – Lucius – iustius – ubique – metire – paupere – sapientissime –populare.

____

25.4 *Wir machen (dumme) Sprüche. Welche Bedeutung ist die richtige?*

1. Homo homini lupus.
   a) Auf je zwei Menschen kommt ein Wolf.
   b) Die Menschen gehen miteinander um wie Wölfe.
   c) Die Menschen stammen vom Wolf ab.
2. Post hoc – propter hoc.
   a) Deswegen bekommen wir diese Post.
   b) *Post* und *propter* stehen mit dem gleichen Kasus.
   c) Wenn zwei Ereignisse nacheinander geschehen, meint man oft, das erste sei die Ursache des zweiten.
3. Relata refero.
   a) Ich berichte über eine Frau namens Relata.
   b) Ich erzähle nur weiter, was man mir erzählt hat.
   c) Ich ziehe die Behauptung zurück.
4. Aut Caesar aut nihil.
   a) Wer im alten Rom nach der Kaiserwürde strebte, erreichte entweder sein Ziel oder er ging unter.
   b) Das war kein anderer als Caesar.
   c) Dem Kaiser kann gar nichts passieren.
5. *Als sich in früheren Jahrhunderten der von den Habsburgern regierte Staat Österreich dauernd durch Zuwachs von Nachbarstaaten vergrößerte, sagte man:*
   Bella gerant alii, tu felix Austria, nube!
   a) Die Habsburger zwangen andere für sie Kriege zu führen.
   b) Der Kaiser von Österreich heiratete nach jedem Krieg eine andere.
   c) Die Habsburger erbten durch geschickte Heiratspolitik häufig die Kronen anderer Länder.

lupus, ī *m.*: Wolf – **Austria**, ae *f.*: Österreich

26

26.1 *Übersetzen Sie.*

Schüler und Lehrer

Praecipue evitandus est in pueris docendis magister aridus
non minus quam teneris adhuc plantis sicca terra.

Etiam admonendum est
ingenia puerorum nimia severitate deficere;
5 nam et desperant et dolent et, quod maxime noceat:
dum omnia timent, discere non iam student.
Quod etiam agricolis notum est,
qui non putant
adhibendam esse falcem plantis teneris,
10 quae nondum vulnera pati possint.

Discipulos id unum moneo,
ut praeceptores suos non minus quam ipsa studia ament
et parentes esse non quidem corporum, sed mentium credant.
Multum haec pietas proderit studio.
15 Nam ita in scholam laeti convenient, libenter audient,
vituperati non irati erunt, laudati gaudebunt.

Discipuli, qui praecepta magistri secuti non sint,
puniendi quidem sunt.
Nam ut praeceptorum officium est docere,
20 ita discipulorum est praebere se dociles studiososque.
Sed eos caedi minime velim,
et quia turpe est, et quia illi,
qui vituperando correcti non sint,
etiam caedendo non corriguntur.

ēvītāre, ēvītō: vermeiden
āridus, a, um: trocken, langweilig
tener, tenera, tenerum: zart
adhūc *Adv.*: noch
planta, ae *f.*: Pflanze
siccus, a, um: trocken
nimius, a, um: zu groß
sevēritās, sevēritātis *f.*: Strenge

nōtus, a, um: bekannt

adhibēre, adhibeō falcem *m. Dat.*: *etw.* mit der Sichel bearbeiten
patī, patior: ertragen

praeceptor, praeceptōris *m.*: Lehrer
parentēs, um *m.*: Eltern
pietās, pietātis *f.*: *respektvolle* Liebe
schola, ae *f.*: Schule

sē praebēre, praebeō: sich zeigen
docilis, e: gelehrig
caedere: *hier:* schlagen

corrigere, corrigō, corrēxī, corrēctum: (ver)bessern

26.2 *Jetzt kennen Sie auch den letzten Konjunktiv. Wir lassen nochmals alle auftreten. Füllen Sie aus.*

					issem	
				arripueris		feras
			imitetur			
		noceremus				
	tradidissetis					
potuerint						

26.3 *Nochmals die wichtigsten Konjunktivfunktionen. Übersetzen Sie und geben Sie jeweils die Funktion des Konjunktivs an.*

a) Benedictus, cum nonnullis cum amicis in solitudinem recessisset, hominibus praecepta sequenda dedit.
b) Regula Benedicti dicit, ut ii, qui Christum vere quaerere cupiunt, oboedientiam praebeant.
c) Abbas: »Praecepta Benedicti sequamur, cum via, quae ducit ad vitam, angusta sit.
d) Nisi monachus gravioris culpae noxius fuisset, non suspensus esset et a mensa et ab oratorio.
e) Vitium tollatur, ne quis aliquid det aut accipiat sine iussione abbatis.
f) Abbas senioribus praeceptum dat, qui videant, ne frater quicquam contrarium sanctae regulae faciat.
g) Si omnes fratres praeceptis seniorum parerent, non ab iis vituperentur.
h) Abbas seniores interrogat, quid frater iste fecerit.

Benedictus, ī *m.*: Benedikt; *gründete den Mönchsorden der Benediktiner* – **Chrīstus**, ī *m.*: Christus – **abbās**, ātis *m.*: Abt – **sōlitūdō**, inis *f.*: Einsamkeit – **suspendere**, suspendō, suspendī, pēnsum: entfernen – **ōrātōrium**, ī *n.*: Bethaus, -saal – **quis**: *hier:* jemand – **iussiō**, ōnis *f.*: Befehl, Anordnung

26.4 *So ein Mönch hat viele Pflichten. Formulieren Sie wie im Beispiel angegeben.*

Monachi sine mora parere debent – Monachis sine mora parendum est.

a) Monachi angustam viam arripere debent. ______________________

b) Fratres certis temporibus laborare debent. ______________________

c) Abbas monachum pigrum punire debet. ____________________

d) Seniores fratrem culpae noxium admonere debent. ____________________

e) Monachos quicquam habere non licet. ____________________

f) Monachos suo arbitrio vivere non licet. ____________________

g) Fratres semper orare et laborare debent. ____________________

abbās, abbātis *m.*: Abt

27

27.1 *Übersetzen Sie.*

Alexander und der Seeräuber

Augustinus in opere suo, qui de civitate dei inscribitur, narrat
Dionidem piratam nave actuaria una
diu homines spoliavisse et cepisse.
Qui cum multis navibus iussu Alexandri imperatoris
5 quaesitus esset et tandem captus,
ab Alexandro interrogatus esse dicitur:
»Quamobrem mare te habet hostem?«
Ille statim respondit: »Quamobrem te orbis terrarum?
Sed si ego hoc ago una nave actuaria, latro vocor;
10 tu vero,
si orbem terrarum magna navium multitudine opprimis,
praedicaris imperator.
Nisi pauper fuissem, naves non oppressissem.
Si fortuna adversus me benignior esset, fierem melior.
Tu autem, quo felicior, eo improbior fis.
15 Ergo ne me contempseris,
ne me vituperaveris,
ne mihi fortunam meam crimini dederis!«

Tum Alexander piratae magnas divitias dono dedit
et Dionides de latrone princeps iustitiae factus esse dicitur.

Augustīnus, ī *m.*: *latein. Kirchenschriftsteller (um 400 n. Chr.)*
Diōnidēs, is *m.*: *Eigenname*
pīrāta, ae *m.*: Seeräuber
nāvis āctuāria, nāvis āctuāriae *f.*: Galeere
spoliāre, spoliō: ausrauben
Alexander, Alexandrī *m.*: *makedonischer Feldherr (4. Jh. v. Chr.)*

mare, maris *n.*: Meer

latrō, latrōnis *m.*: Räuber

fortūna, ae *f.*: Schicksal

dīvitiae, ārum *f.*: Reichtum
iūstitia, ae *f.*: Gerechtigkeit

27.2 *Die Suffixe -bilis, -lis bezeichnen Eigenschaften oder die Zugehörigkeit; ihnen entsprechen sehr oft die deutschen Suffixe -lich, -bar, -wert, -haft:*

z.B. mobilis (vgl. movere): beweglich

Erschließen Sie die Bedeutungen von

admirabilis – civilis – crudelis – mortalis – immortalis – insuperabilis – socialis – utilis – facilis – laudabilis – amabilis – credibilis – docilis – navigabilis – miserabilis – acceptabilis – stabilis – dubitabilis.

27.3 *Das Verb* consulere *hat viele Bedeutungen, einige davon kennen Sie bereits. Übersetzen Sie mithilfe des Lexikons.*

a) populum de rebus necessariis consulere – b) eum librum boni consulere – c) dignitati suae consulere – d) crudeliter in plebem consulere – e) omnibus de rebus consulere – f) patriae consulere.

27.4 *Who is who? Welche lateinischen Sätze passen zu welchen Personen? Ordnen Sie zu. Ein Tipp: Die Informationstexte enthalten die entsprechenden Angaben.*

Traianus imperator	in Germania vixit.
Francesco Petrarca	pater Vulgatae est.
Petrus	librum de architectura scripsit.
Marcus Aurelius	sibi ipsi nomen principis dedit.
Paulus	quaestor Siciliae fuit.
Vitruvius	Galliam expugnavit.
Epicurus	»homo litteratus« appellatus est.
Hippocrates	voluptatem summum bonum putavit.
Marcus Tullius Cicero	Romae temporibus imperatoris Neronis necatus est.
Hieronymus	episcopus Mediolani fuit.
Marcus Porcius Cato	pater scholae Stoicae est.
Zeno	temporibus eius imperium Romanum maximum fuit.
Imperator Augustus	ei medici et philosophi Graeci odio fuerunt.
Johann Reuchlin	iter per Asiam, Graeciam, Italiam fecit.
Gaius Iulius Caesar	imperator et philosophus fuit.
Ambrosius	medicus praeclarus fuit.

architectūra, ae *f.*: Achitektur – **quaestor**, ōris *m.*: Quaestor *(Beamter)* – **litterātus**, a, um: gebildet – **episcopus**, ī *m.*: Bischof – **schola**, ae *f.*: Schule

28

28.1 *Übersetzen Sie.*

Karl der Große und die Sachsen

Tum bellum Saxonum repetitum est.
Quo nullum saevius
Francorum populo gerendum erat;
nam Saxones, sicut omnes fere Germaniae incolae,
5 et natura saevi et cultui daemonum dediti
nostraeque religioni contrarii
neque divina neque humana iura transgredi
turpe arbitrabantur.
Id bellum per triginta tres annos gerebatur.
10 Poterat quidem breviori tempore finiri,
si Saxonum hoc perfidia pateretur.
Constat autem illos saepius pollicitos esse
se se imperatori dedituros,
cultum daemonum dimissuros,
15 se ad Christianam religionem convertere velle.
Illi ut se paratos esse dicebant ad omnia facienda,
quae exacta essent,
ita promissis numquam manebant.
Karolus cum denique omnes,
20 qui resistere solebant, vicisset
et decem milia hominum,
qui utrasque ripas Albis fluminis habitabant,
per Galliam et Germaniam distribuisset,
Saxones abiecto daemonum cultu
25 ad Christianam fidem conversi et Francis adunati
unum cum eis populum effecerunt.

Saxo, Saxōnis *m.*: Sachse
repetere, repetō, repetīvī, repetītum: wieder aufnehmen
Francī, ōrum *m.*: Franken
sīcut: so wie
Germānia, ae *f.*: Germanien
daemon, daemonis *m.*: Dämon, Götze
contrārius, a, um: *hier:* feindlich gesinnt
trānsgredī, trānsgredior: übertreten
trīginta *undekl.*: 30
poterat: *hier:* er hätte können
perfidia, ae *f.*: Treulosigkeit
patī, patior: zulassen
dīmittere, dīmittō: *hier:* aufgeben
Chrīstiānus, a, um: christlich
Karolus, ī *m.*: Karl der Große; *wurde 800 n. Chr. zum Kaiser gekrönt*
resistere, resistō: Widerstand leisten
rīpa, ae *f.*: Ufer
Albis, Albis *m.*: Elbe
flūmen, flūminis *n.*: Fluss
Gallia, ae *f.*: Gallien
distribuere, distribuō, distribuī: verteilen
abicere, abiciō, abiēcī, abiectum: aufgeben
adūnāre, adūnō + *Dat.*: vereinigen mit

28.2 *Die passenden Bedeutungen der kursiv gedruckten Wörter sind Ihnen nicht bekannt. Schlagen Sie sie im Lexikon nach und übersetzen Sie.*

a) Antronius suave *ducit* venari aut *alea* ludere, suavius autem *epulis* interesse, inter amicos *colloqui*.
b) Magdalia infelix esset, si vita Antronii ei *degenda* esset.
c) Traianus Plinium officiis optime *fungi* scribit. Sed eum Christianos conquirere *vetat*.
d) Plinius eos Christianos, qui *recusentur*, *ne* imaginem imperatoris venerentur, capitis damnari iubet.
e) Nero imperator urbem incendi iussit, ut Romam novam *moliretur*.
f) Nero Senecam *occidi* iussit, cum Seneca iam *senex* esset.

Trāiānus, ī *m.*: *römischer Kaiser, regierte 98–117 n. Chr.* – **Gāius Plīnius Secundus**, ī *m.*: *römischer Schriftsteller und Politiker (61–etwa 114 n. Chr.); Statthalter von Bithynien – (Kleinasien)* – **Chrīstiānus**, ī *m.*: Christ – **Nerō**, ōnis *m.*: *röm. Kaiser (reg. 54–68 n. Chr.)* – **Rōma**, ae *f.*: Rom – **Seneca**, ae *m.*: *römischer Staatsmann und Philosoph (um 4 v. Chr.-65 n. Chr.)*

28.3 *Zum Schluss noch etwas Lebensphilosophie. Verfahren Sie in folgenden Sentenzen aus Senecas Briefen mit den unbekannten Vokabeln wie oben.*

Lebenszeit

Nihil tam utile est, ut in *transitu* prosit.
Nusquam est, qui ubique est.

Sorgen

Fac itaque tibi *iucundam* vitam omnem pro illa *sollicitudinem deponendo*.

Besinnung auf sich selbst

Recede in te ipse, quantum potes.
Qui se habet, nihil *perdidit*.

Gesundheit

Si *philosopharis*, bene est.

Grundsätze

Ideo constituendum est, quid velimus, et in eo perseverandum.

Quid est sapientia? Semper idem velle atque idem nolle.

Angst

Illud autem ante omnia *memento*: *demere* rebus *tumultum* ac videre, quid in quaque re sit.

Heimat
Non sum uni *angulo* natus, patria mea totus hic mundus est.

Philosophie
Facere docet philosophia, non dicere.
Non delectent verba nostra, sed prosint.

Gott
Prope est a te deus, tecum est, *intus* est.
Nulla sine deo mens bona est.

Das menschliche Wesen
Rationale enim *animal* est homo.

Freiheit
Nihil invitus facit sapiens.
Paucos *servitus*, plures *servitutem* tenent.

Das höchste Gut
Quicumque beatus esse constituet, unum esse bonum putet, quod honestum est.
Omne honestum voluntarium est.

Wahres Leben
Non enim vivere bonum est, sed bene vivere.

Tod
Ante ad mortem *quam* ad vitam *praeparandi* sumus.

Selbstvertrauen
Unum bonum est, quod beatae vitae causa et *firmamentum* est: sibi *fidere*.

Freundschaft
Detrahit *amicitiae* maiestatem suam, qui illam parat ad bonos *casus*.

Materielles
Nemo cum *sarcinis enatat*.
Magnus ille, qui in *divitiis* pauper est.
Non qui parum habet, sed qui plus cupit, pauper est.

Ehrgeiz
Habet hoc vitium omnis *ambitio*: non *respicit*.

Lernen
Tamdiu discendum est, *quemadmodum* vivas, *quamdiu* vivas.